国家自然科学基金项目（71603284）
教育部人文社会科学研究项目（16YJC630068） 成果
湖北省科技计划软科学研究项目（2016ADC106）

重大突发事件应急物资的准备与调度体系

刘嘉 著

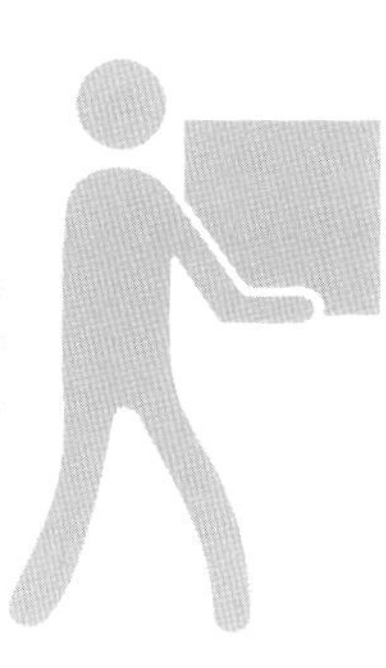

WUHAN UNIVERSITY PRESS
武汉大学出版社

图书在版编目(CIP)数据

重大突发事件应急物资的准备与调度体系/刘嘉著．—武汉：武汉大学出版社,2017.11

ISBN 978-7-307-19694-0

Ⅰ.重… Ⅱ.刘… Ⅲ.突发事件—物资调度—研究—中国 Ⅳ.F253

中国版本图书馆 CIP 数据核字(2017)第 224627 号

责任编辑:黄金涛　　责任校对:汪欣怡　　版式设计:马　佳

出版发行：**武汉大学出版社**　(430072　武昌　珞珈山)

(电子邮件：cbs22@whu.edu.cn　网址：www.wdp.com.cn)

印刷：虎彩印艺股份有限公司

开本：720×1000　1/16　印张:14　字数:195 千字　插页:2

版次：2017 年 11 月第 1 版　2017 年 11 月第 1 次印刷

ISBN 978-7-307-19694-0　定价:88.00 元

作者简介

刘嘉

管理科学与工程博士，硕士生导师。研究领域为公共安全应急管理。主持国家自然科学基金、教育部人文社会科学研究、湖北省科技计划软科学研究等国家级、省部级科研项目。在国内外学术期刊以第一作者或通讯作者身份发表论文20余篇，其中10余篇被SCI/SSCI检索，同时担任多个国际知名SCI/SSCI期刊的审稿专家。

前　言

我国政府越来越重视重大突发事件的应急管理工作，而应急管理工作有效开展的前提则是应急物资快速、足量的准备和调度。因此，本书以重大突发事件为背景，介绍应急物资的准备优化方法、调度优化方法，以及准备和调度的协同工作策略。

在重大突发事件发生前，政府应该预先准备各种应急物资。政府在做到应急物资不遗漏、不多余的同时，还应考虑不同类型的物资的协调存储。如果重大突发事件造成的破坏过大致使预先准备的应急物资无法满足救援要求，政府就须向供应商补充征购应急物资。在补充征购应急物资时，政府应该用最快的速度与供应商谈判，以期获得物美价廉的应急物资。另外，应急物资的补充征购量必须完全满足救援要求，不能过于注重成本。在筹集到了应急物资之后，政府应该立即将其运往灾区。为了提高应急物资的调度和运输效率，政府应该充分利用物联网技术和人工智能技术，并且要充分考虑不同类型物资与相关救援人员的搭配运输问题。本书的主要内容有以下几个方面：

(1)提出了基于随机存储理论和多目标规划方法的重大突发事件应急物资的预先准备模型，并用 Matlab 对这个模型进行灵敏度分析，得到有益的结论。运用该模型可以得到各类应急物资的最优预先准备量。本书还提出基于系统动力学的应急物资需求数量的预测模型，用以在重大突发事件发生后粗略预测应急物资的未来短期需求。

(2)本书通过建立基于进化博弈论和系统动力学的重大突发事件应

急物资的补充征购谈判模型，得到了政府在与供应商谈判过程中应该遵循的“WRAD”原则，即限制低价、拉开差价和“从大到小选择，从小到大谈判”。这些成果能够切实帮助政府在补充征购应急物资时，以最快速度购得质量优良、价格合理的应急物资。

(3)提出了面向需求和车辆数量变更的应急物资运输问题。首先利用动态规划思想给出在已知受灾地供应顺序的情况下的应急物资运输路线的分配方法，然后提出基于蚁群算法的受灾地供应顺序的自学方法。最后，本书用 Matlab 实现了该算法的求解过程。运用该算法程序可以得到应急物资的最优运输策略。

(4)本书建立基于排队论的重大突发事件应急物资准备与调度模型，并进一步建立基于 Petri 网的应急物资的准备、调度和运输的工作流系统，最终形成运行效率很高的应急物资准备与调度的仿真系统框架。它能够有效协调应急物资的准备与调度工作流程，使其能够协助缩短应急物资准备、调度和运输的总时间。

(5)提出了基于互联网的重大突发事件应急物资筹运的集群决策模式以及应急物资需求初判的 Agile-Delphi 决策流程和算法程序，分析应急物资筹运决策过程的关键影响因素，并给出应急物资筹运的总体决策流程。本著作最后还基于 ASP. NET 和 SQL Server 设计出一个整合全书提出的所有算法和原理的应急物资筹运的决策支持平台。

本书是国家自然科学基金项目(71603284)、教育部人文社会科学研究项目(16YJC630068)以及湖北省科技计划软科学研究项目(2016ADC106)的研究成果。本书的出版得到中南财经政法大学信息与安全工程学院的资助，在此向其表示感谢。

刘　嘉

目　　录

第1章

重大突发事件应急物资筹运的理论分析

1.1　相关背景概述

近年来，我国重大突发事件频繁发生，严重影响了公共安全。例如2008 年的汶川地震，2013 年的雅安地震都造成了巨大的群众伤亡和财产损失。这些重大突发事件既包括人类现在无法准确预测和控制的突发事件(如地震、海啸等)，也包括火灾等认为人为导致的事件(Xie et al.，2014)。而影响伤亡人数和财产损失的因素除了包括突发事件本身以外，更包括应急救援工作的效率。提高应急救援工作的效率就是减少此类事件负面影响的最关键手段。而成功的应急救援的前提就是应急物资的及时、足量供给。

在汶川地震的救援过程中就暴露出我国在应急物资供给管理方面的一些问题。在地震爆发的 24 小时内，到达受灾地的应急物资数量远远满足不了救灾要求，间接导致了人员伤亡。但是，在地震发生若干天后，政府筹集的和地方捐赠的应急物资大批量地涌向灾区，很多物资的供给量都超出了灾区的需求。当时正值 5 月中旬的初夏，有些灾民甚至分发了 5 床棉被。很多外界捐赠的食品堆在仓库中逐渐腐烂，有很多变质、损坏的应急物资直到地震发生 4 年后才被处理掉。这不能不说是一种极大的浪费。

在雅安地震的应急救援中，也出现了类似情况。在地震发生后的24 小时内，应急物资的供给速度非常缓慢，供给量远远不能满足灾民需求。但在媒体报道了灾区情况后，大批的社会捐赠车辆涌入灾区，堵塞了灾区通往外界的救援道路。因没有对这些车辆进行有效调度，导致了救援工作的混乱，最后不得不禁止非官方的救援车辆进入灾区。出现上面问题的原因，一方面是由于应急物资存储总量不够，另一方面也由于政府对应急物资调度的混乱、缺乏有效规划。

为了应对重大突发事件，国家采购中心 2010 年的采购种类涵盖了棉衣、棉被、大米、面粉、糖果、帐篷、消毒剂等品目，采购金额累计超过 1 亿元。在当时的采购过程中，政府一改往常的"固定数量比价格"的招标方式，采用全新的"固定价格比质量"的招标方式。事实证明，这种方式取得了良好效果，为政府带来了大量质量过关的应急物资准备。对于那些可以长久存放，而且灾后第一时间必须运往灾区的物资，例如医疗器械、救援器械、衣物、棉被、帐篷等，政府预先做了足量存储；而对于那些不宜长久存放的物资，例如食品、饮用水等，政府跟多家企业签订了应急物资的订购期权，保证一旦突发事件发生，企业立即提供相应的应急物资。另外，对于灾后应急物资的调度预案，政府也在逐步完善中。汶川地震和雅安地震都发生在山区，地震导致的山体滑坡损坏了多条通往灾区的道路。而在两次地震中，中国政府都派出了空军进行空中勘查和救援。在道路疏通前，先向灾区空投了救援人员和救援物资。

虽然政府在事前制定了应急物资准备和调度的体系以及预案，但这些体系和预案仍须大幅完善。由于每次突发事件实际情况都不同，政府难以针对具体的事件立即进行调整和适应。特别是针对那些破坏力很大的突发事件时，应急物资供应的速度和数量尚无法有效保证。

1.2 重大突发事件应急物资筹运的研究综述

1.2.1 关于应急物资预先准备

应急物资的不足会影响突发事件的应急管理(Huang et al.，2011)。所以，应急物资的优化配置就尤为重要，而对应急物资的需求预测是应急物资优化配置的前提和基础(Liu et al.，2012)。如果在突发事件发生前，应急物资有很好的预测和准备，则突发事件的应对也会相对顺利。应急物资的准备不仅仅是由政府完成，很多非政府组织也在这个过程中起到至关重要的作用(Lin et al.，2012)。

应急物资的预先准备是基于准确预测的，故 Taskin 等(2009)研究了专门针对飓风突发事件的救灾物资预测方法。关于各类应急物资预先准备量的问题 Sun 等(2013)、Yu 等(2013)和 Rawls 等(2009)用不同的模型对其进行了研究。首先是物资预测方面。刘娇娇等(2011)得出了铁路运输针对不同突发事件的预测方法，并提供了应急预案的制定与选取方法。王晓等(2011)提出了一种基于案例推理的比较准确的物资需求预测的方法。高学英(2012)提出了基于不确定信息处理理论的应急救援物资需求估计方法，并建立了动态需求条件下应急救援资源选址与配置优化模型。Liu(2004)提出了一种 RDL 方法，以提高对环境突发事件所需应急物资的预备效率。另外，训练普通居民，让其能够有效利用突发事件应急物资也是十分必要的(Alexander et al.，2009)。Sheu

(2010)用模糊聚类的方法建立物流管理模型对受灾地区进行优先等级的评估，并对受灾地区的物资需求进行了动态预测。

在获得应急物资后，如何存储物资的问题，也是学者们的研究热点。例如，Zhang 等(2012)针对次生突发事件的应急物资的准备和供给，提出了一个多资源多仓库的管理方法。Micangeli 等(2013)以意大利的 Abruzzi 地震为例，研究了突发事件中热能的持续供应问题。Taskin 等(2010)基于飓风的预测信息，利用贝叶斯决策模型，提出了应急物资的多周期库存量控制的方法。

同时，选择最合适的物资存储地，将可能的受灾地区合理分配到各个物资存储地的负责区域，也是必须重点考虑的方面。高升等(2011)建立了多目标模型，并利用改进蚁群算法来求得合理的资源布局。王旭坪等(2010)依据资源协调功能的服务融合并设计了突发事件资源协调系统架构。张自立(2010)研究了企业生产能力储备的若干种实现途径，以及将其做为应急物资的重要供给渠道的方法。舒其林(2012)对突发事件应急物资需求进行了分级，设计了准备网络体系，并提出了“情景—应对”模式下多受灾点应急需求优先权排序及应急物资调度方法。仲秋雁等(2013)以危险化学品事故为例，构建了城市应急物资准备流程模型和城市应急物资调配流程模型。董银红等(2012)利用拉普拉斯决策准则构建了期望值模型，利用萨凡奇决策准则构建了鲁棒优化模型，他们研究了在两种不同的决策准则下，如何制订应急物流资源规划。文仁强等(2012)建立了基于蚁群优化算法的模型，它将选址与资源配置进行了统一考虑，提出了保守型和乐观型资源配置策略，解决了资源充足与受限情况下的优化配置问题。王臣等(2012)建立了以“人”、“物”和“知识能力”3 个要素为核心的应急分析测试资源管理体系。Bradford(2005)从物资运输的便利性角度，运用多个参数评估了应急避难的场所。

根据上面的分析，可知目前关于应急物资预先准备问题的研究尚须完善。特别是在地域不同、突发事件不同的情况下，潜在应急物资的需求存在很大差异，而政府的应急预案往往倾向于定性描述，因此急需相应的定量研究对其进行补充。

1.2.2 关于应急物资紧急补充

重大突发事件对社会的影响是巨大的(Xie et al.，2012)。同时其需要的应急物资的数量和种类往往是非常大的(Deo et al.，2011)。保证应急物资库存的相对充足，以及对库存短缺的及时响应是非常重要的(Qin et al.，2012)。一般情况下，突发事件救援工作早期制订的计划调整通常会对应急救援产生较大的影响，而后期发生的计划调整的影响则相对较小(任世科等，2012)。随着资源可用量的增加，计划的鲁棒性呈上升趋势，而当救援期限延长时，计划的鲁棒性单调增加(胡信布等，2013)。

同时，越来越多的决策者致力于根据对可能突发事件的预测，研究最高效的利用资金去购买应急物资的方法(Simonoff et al.，2011)。从而，研究紧急情况下的物资补充征购谈判就显得尤为重要。事实上，有学者用模型对一些具体问题已经进行了研究。Xu 等(2010、2013)利用报童模型对风险规避者的紧急采购定价的决策进行了分析。Nakano(2007)研究了纽约电力市场中紧急情况下的定价问题，给出了减少突发事件对其影响的方法。Coles(1998)讨论了运用"Comprehensive Spending Review"方法来制订紧急定价预案的可行性，并给出了相应的建议。Kirsch(1993)研究了重大突发事件中，商品价格的控制问题。在应急物资的调度前，必须收集受灾地和物资集散地之间的路况信息，Romer 等(2014)就提出了实时信息收集和路况可视化方法。Liang 等(2012)提出了突发事件救灾物资供应链的期权合约定价模型。

对于产品价格、质量和数量谈判的相关问题，多数学者都是用数学建模的方法对其进行研究，例如多目标非线性规划模型(Rezaei et al.，2012)，经济学模型(Vadde et al.，2007)和库存模型(Cai et al.，2013)

等。而博弈论工具更是被频繁运用于分析定价问题。在静态博弈方面，George 等(2009)研究了双渠道(dual-channel)供应链的竞争对定价和折扣的影响。在动态博弈方面，Niyato 等(2008)利用动态博弈模型解决了认知无线电网络(cognitive radio network)中的供应商对频谱定价(spectrum pricing)的问题。在重复博弈方面，Zhang 等(2012)基于中国财产保险市场的实际竞争情况，建立了四个寡头的价格竞争的重复博弈模型，并给出了合理解释。在合作博弈方面，Yaiche 等(2000)运用合作博弈理论研究了高速宽带网络服务中不同网络速率的定价问题；Cao 等(2002)也将合作博弈方法运用在了网络服务定价方面。但是，产品价格谈判博弈的双方都是非理性的决策者，双方在选择最优策略之前往往都需要一个学习的过程。而进化博弈正可以用来描述这个学习过程。

事实上，进化博弈理论也被应用在价格谈判的建模中，例如 Zhao 等(2012)就用进化博弈方法模拟了有限理性的移动虚拟网络运营商(mobile virtual network operators)在双寡头市场中的最优价格谈判策略；Fan 等(2013)也基于进化博弈论对不合作的竞争市场中的动态定价和生产计划问题进行了研究。

然而，大部分文章的研究对象与重大突发事件中的应急物资在类型、所有者以及订购方式上有很大不同。专门针对应急物资补充征购谈判的研究现在还比较少见。另外，在政府与供应商针对应急物资价格谈判的过程中，双方的进化博弈过程实际上就是多次议价的过程。但是，仅仅使用进化博弈模型本身，只能得到双方最优的定价策略，仍而无法直观的反映双方的决策集结过程。而这个集结过程恰恰能够体现应急物资议价和一般物资议价的区别。这时，为了更好地反映这个问题，就可利用系统动力学方法对该博弈进行仿真。

1.2.3 关于应急物资的配置与供应

突发事件应急物资的合理配置是非常重要的(Liu et al., 2011)。

Sheu (2007)提出了“受灾地区分组”和“救灾联合调运”的方法，并研究了大规模灾难下的应急物流的动态管理。在国内，聂彤彤等(2011)首先研究了应急物流能力的概念和定义，并相应提出了应急物流能力的重点建设内容；然后给出应急物流中心的分类、功能以及建立的原则，并对建设应急物流中心的策略问题进行了研究；最后按应急物流保障基地、应急物流中心、应急物资准备基地三个层次给出了应急物流网络的拓扑结构。杨继君等(2008，2010)提出了基于合作博弈的应急物资调度模型与求解算法，详细分析了动态博弈框架下应急管理中应急决策者与突发事件之间的序贯博弈过程，形成了物资调度的最优方案。朱莉等(2012)应用超网络理论研究了面向突发事件的应急物资调配运作。杨保华等(2011)建立了一种综合考虑突发事件自身演化过程及外界作用相互关系的应急抢险过程 GERT 网络，设计了不同资源配置情况下突发事件状态转移概率的极大熵模型并求解。王旭坪等(2013)用不同的方法研究了应急物资的分配问题，包括：(1)构建了以最小化公众心理风险感知程度和物资未满足度为目标的混合整数规划模型，设计了相应的多层搜索求解算法。(2)构建了一个多目标非线性整数规划模型描述大规模突发事件发生后的初始阶段应急物资分配问题。(3)把灾民的损失用物资未满足度的形式进行量化，构建以最小化灾民损失和车辆调度费用为目标的混合整数规划模型，以对运力受限情况下的救援车辆路径选择和应急物资分配进行综合决策。何正文等(2012)以救援时间最短化与计划鲁棒性最大化为目标，研究了突发事件应急救援前摄性调度优化问题。古志辉等(2011)建立了一个可以灵活描述环境不确定性的复合随机过程，在此基础上，运用随机最优控制模型对资产配置问题进行了求解。

在国外，Day 等(2009，2012)研究了救援物资供应链的信息流障碍问题，并将人道主义的观念融入到了突发事件救灾物资的供应链管理中。Lodree 等(2008)提出了针对救援物资的供应链中断的风险保障方案。Maon 等(2009)建立了面向社会的跨部门合作发展救灾行动的供应链理论模型。Nolz 等(2011)设计了一个物流系统，保证了在突发事件后基础设施遭到损坏的前提下，仍能保证救援物资的充足发放。Kaddoussi 等(2013)提出了基于多智能体的供应链分布式风险管理方法。Sheu(2005)用混合模糊方法对灾难救援抢救期的应急物资进行分配以实现救灾物资的效用最大化。Bhatnagar 等(2011)提出了全球供应链的双供应模式，以应对突发事件带来的不稳定性。Yan 等(2009)研究了突发事件中，道路的紧急维修和后续救援物资的优化分配方案。

将物资集散地、受灾地和运输车辆等因素看成一个整体系统，并研究该系统的协调运作条件，是一个有效的研究方法。如王海军等(2012)考虑了包含供应点、集配中心和需求点的三级供应网络、模糊需求条件、多种运输方式联合运输，建立了以总运输时间和应急成本为目标的多目标非线性整数规划模型。周蕾(2012)运用各种服务规则对应急服务的车辆调度模型进行仿真研究，在满足应急需求时间限制前提下，减少了应急保障成本，提高了应急服务能力。陈正杨(2013)认为应急供应链的协同管理符合社会救援资源主体的自组织特性，并且能够发挥应急供应链的整体效应，促进应急物资的有效整合。周凌云等(2013)分析了应急物流服务网络动态化组建与网络整体运输调度优化决策问题，建立了一个以物质守恒、生产能力、运输时间限制等为约束的混合型整数线性规划模型，以适应突发事件中不同类型应急物资的物流服务网络的组建与部署策略。潘逢山等(2012)构建了流水车间调度问题以及其干扰管理模型，所提出的经典目标函数为最大完工时间和干扰目标函数为干扰时间差相混合。朱莉等(2012)构建了一个以资源调配量和突发事件风险度为网络流、包含“出救点、分发中心、受灾点”的三层超网络结构。李京生等(2012)也提出了一种以云制造思想为指导的基于动态制造资源能力服务化的分布式协同生产调度技术。

部分学者以具体的突发事件为研究对象，研究了应急物资在这些具体事件中的准备和供给。在大规模突发事件中，药品和水资源的运输情况，往往关系到很多人的生命安全，Jia 等(2007)专门针对药品在大规模突发事件中的供应做了研究，他提出的方法可以适应不同的地区环境；Loo 等(2012)和 Wang 等(2013)从技术层面研究了突发事件发生后的安全水资源的供应手段。王新平等(2012)提出了多疫区多周期的应急物资协同优化供应方案。王军等(2013)针对海上突发事件，认为事件形态的演变会影响应急物资集结点的选择，需要在预测事件形态时空变化的基础上合理确定海上应急物资供应方案。陈钢铁等(2012)为研究地震后应急道路抢修和应急物资配送优化供应问题，建立了道路抢修和应急物资供应模型。Steele 等(2008)研究了在救治突发事件中的受伤者的过程中，对于救灾机构的水资源紧急供应问题。Mei 等(2007)从洪水突发事件的角度，提出政府可以运用地理信息系统规划应急物资临时配送中心。而 Suzuki(2012)则针对突发事件中燃油紧缺的问题，提出了专门的供应方法。

1.2.4 关于应急物资运输调度问题

应急物资的运输调度方法是学者们研究的热点，例如 Shams 等(2000)提出了突发事件发生后的优化运输方式和路线，以及分配救援物资的方法。Fiedrich 等(2000)建立了一个在有限时间内和有限数量条件下的物资调运的动态优化模型。赵惠良等(2010)针对城市交通突发事件，研究了多目标下应急物资调度的最优路径问题。曾丽明等(2012)建立了针对多救援点事故突发事件下的应急物资调度模型，并对资源的动态调度模型及协同过程进行仿真与研究分析。黄德启(2012)研究了区域路网交通应急物资优化调度策略与算法，并在此基础上建立了仿真模型。杨勃等(2013)采用模糊数描述了救援出发点到受灾点所需的时间，以应急时间最短和救援点最少作为优化目标，构建了模糊环境下具有多种资源和多个救援点的应急物资调度模型。石彪等(2012)将传统车辆调度模型中车辆在完成阶段运输任务后返回原始出发点的假设条件予以放松，以应急物资运输的全局完成时间最早为目标，建立了基于车辆紧缺假设的两阶段车辆调度模型。Jaey(2003)对道路网络环境不确定情况下的紧急车辆调度问题进行了研究。

智能计算的方法被广泛的运用到了物资运输的领域中，如 Fourie (2005)对公共交通进行仿真分析，将人工神经网络与强化学习算法结合，开发出智能调度系统；Chiew 等(2009)研究了大量自治移动智能体在特定拓扑网络结构中避免堵塞的最有效的运行方法。还有部分学者从网络优化的角度研究了公共交通运行的有效方案，如 Blum 等(2011)设计了一套公交运营网络架构，降低城市公交运营成本，实现线路效用的最大化。Pun Cheng(2012)开发了公共交通信息系统，可以实时提供最佳路径选择。Hu(2011)基于免疫亲和模型提出了突发事件情景下紧急救援物资的综合运输调度方法。Linet(2004)建立了一个基于混合整数规划的应急救援物资运输模型，并对多阶段多目标的救灾物资配送问题进行了深入研究。

事实上，很多学者已经用智能计算对应急物资的运输问题作了研究，并得出了很多关于车辆路径问题(VRP)的解决方法。车辆路径问题首先是由 Dantzig 和 Ramser 在 1959 年提出的(Dantzig and Ramser, 1959)。因为它是一个 NP-hard 问题(Lenstra and Kan, 1981)，所以其求解的方法基本都是以进化算法、蚁群算法等智能算法为主(曾敏刚等，2010)。Han 等(2011)用拉格朗日松弛框架(Lagrangian Relaxation framework)解决了应急物资的存储地选择和运输路径选择问题；Zheng 等(2013)提出了航空、铁路、公路三种运输模式的协同优化方法；Horner 等(2011)给出了交通网络严重受损情况下的物资运输方案；Chern 等(2010)提出了一个启发式算法，以解决应急物资的供应链管理问题。Zhang 等(2011)提出了基于基因算法的应急物资调度方法；李梅霞等(2011)给出了应急物资调度最早应急时间的算法。汪勇(2012)针对应急物资调度问题，建立一种多资源时间—成本调度模型，构建了具有惩罚系数的适应度函数，给出了改进的进化规划算法的种群进化策略。

蚁群算法最早由意大利学者 Dorigo 和 Maniezzo 在 1996 年提出(Dorigo and Maniezzo，1996)，因为它具有正反馈、分布式计算等特点，所以在求解此类问题的时候，比其他的算法更具优势(丁秋雷等，2007)。Bullnheimer 等(1999)首先将蚁群算法的思想应用于车辆路径问题中，但没有从根本上解决搜索速度过慢的问题；Bell 等(2004)提出了一种改进蚁群算法，虽然在一定程度上解决了搜索速度问题，但难以求解数据量较大的问题；Reimann 等(2004)提出基于节约法的蚁群算法则恰恰相反，虽然能够处理大规模问题，但是搜索速度缓慢。后来，很多关于车辆路径问题的研究都以蚁群算法为基础，旨在解决该算法的早熟问题(Gambardella and Dorigo，2000)。例如 Stutzle(2000)提出了最大最小蚁群系统；Gambardella 等(2000)提出了混合型蚁群算法 HAS；刘志硕等(2007)将爬山法、节约法与蚁群算法结合，提出了一种混合蚁群算法；曹庆奎等(2013)将遗传算法与蚁群算法结合，提出了遗传蚁群算法；付鹏等(2013)将 Q 学习算法与蚁群算法结合，也提出了一个改进蚁群算法。这些算法各有优点与不足，并在解决蚁群算法的过早停滞问题有各自的研究。也有一些学者对蚁群算法进行了改变，让其能够用于解决各种特殊问题，例如于滨等(2012)运用该算法解决了带时间窗的多中心车辆路径问题；王素欣等(2008)也运用其解决了多集散点车辆路径问题；张涛等(2008)将蚁群算法改进，解决了带车辆行程约束的问题；何小锋等(2013)针对带时间窗的车辆路径问题，提出了量子蚁群算法。Min(1989)研究了在车辆数量和载重量一定的情况下，图书的发送和回收问题，并首次提出了同时送取货的车辆路径问题“VRPSPD”，后来，Halse(1992)和 Gendreau 等(1999)分别求解了一个仓库下多辆车和只有一辆车的 VRPSPD 问题。

在重大突发事件情景下，应急物资运输路径问题与一般情况下的物资运输问题有很大的不同。其特殊性就表现在应急物资需求和车辆数量的不确定性。在突发事件应急物资的运输方面，Yan 等(2012)利用蚁群系统和阈值接受技术建立了一个混合算法来解决道路抢修对实际运输造成的障碍问题；Kallioras 等(2014)提出了一种一致搜索(IHS)蚁群算法解决了灾后基础设施的管理问题。Korosec 等(2013)比较了贪婪搜索，无参数搜索和蚁群共识主动性算法在解决有约束的应急物资运输调度问题中各自的优势和劣势。Hu 等(2012)将蚁群算法与微粒群算法结合，研究了地震后紧急避难所的分配问题。

针对应急物资需求量更新的问题，Dan 等(2013)将动态的需求过程分割成在时间轴上多个静态的需求，并提出了相应的改进蚁群算法，但其分割的方法难以适用于复杂的动态需求；詹沙磊等(2013)建立了多目标随机规划模型并进行了求解，此模型计算效率较高，但是其假设条件较为苛刻。而马建华等(2011)提出了多车场、多车型最快完成运输的方法，把动态规划和最大流算法引入到模型中，提高了蚁群算法的运行效率和准确度。但是，该方法的实际应用仍受限于很多假设，例如每个受灾点只能由一辆车供给，不考虑车辆返回集散地补给物资重新出发的情况等。

综上所述，虽然目前关于重大突发事件中应急物资的运输调度问题的研究较多，但由于该问题本身非常复杂，所以目前的研究尚没有完全解决这个问题。特别是在算法的适应性和复杂度上面顾此失彼：要么算法理论上可以照顾到很多方面，适应于大多数突发事件，但计算时间过长，无法满足紧急决策的需求；要么算法的计算时间得到了控制，但其前提假设太多，无法适应大多数情况。因此这方面的研究仍需继续深入。

1.2.5 关于应急物资调度决策流程

应急物资的准备流程、调度流程和运输流程是一个整体系统。只有当它们很好地协调时，应急物资才可能在最短的时间内抵达灾区。因此，研究整个决策流程的优化方法，对提高应急物资的调度效率帮助很大。Kumar 等(2013)提出了突发事件救灾物资获取与调度的改善优化的决策支持框架，并将其应用在了东日本大地震的应对中。Chen 等(2010)针对中国的具体国情，提出了在中国城市的灾难应急物资管理的体系。

基于 Petri 网的工作流系统仿真能够很好地研究这个系统的协调性(Arie et al.，2009)。Petri 网可以用来优化各种工作流程，例如 Lee 等(2013)利用 Petri 网发现和评估分布式制造系统中的潜在质量风险；Hu 等(2009)利用时间 Petri 网仿真了制造网格工作流系统对其进行了优化；Cheng 等(2010)用 Petri 网优化运土作业流程。Tom(2013)用着色的 Petri 网优化工作任务完成次序，以避免人员由于工作压力过高而犯错误。基于 Petri 网的工作流系统在应急管理方面的应用，主要集中在突发事件应急响应流程优化上(Shan et al.，2012)，例如 Zhong 等(2010)用它专门研究了中国城市的应急响应系统。

在突发事件发生后，决策者必须在很短的时间内对整个物资准备与调度流程进行分析，以缩短流程中的排队等待时间。而缩短整体流程的排队等待时间必须从缩短各个环节的排队等待时间着手。这个时候，由于各个环节的事件发生时间往往不相互独立，也不服从一个确定的分布，所以用传统的排队论模型计算起来就会十分复杂。特别在应急决策的前提下，更是没有时间进行计算。基于 Petri 网的工作流系统仿真就是解决此问题的一个非常有效的方法(Moscato et al.，2012；Hiraishi，2008；Yamaguchi et al.，2001)。它不但能检测整个流程的正确性，而且能够仿真出流程各个环节的细节参数(Van der Aalst，1998)，更可以分析系统中的有限资源的应用情况(Wang，2009)。例如，Wang(2012)用基于 Petri 网的工作流系统对紧急救护流程中有限资源的应用进行了优化。

在重大突发事件的情景下，决策者的决策行为往往受到很强的时间压力影响(刘嘉等，2013)。这种时间压力会直接导致他们的决策行为呈现出与平常完全不同的表现(Liu et al.，2014)。特别是在群体决策时，个体与个体之间往往会相互影响(刘嘉等，2013)。个体或者受到从众心理的影响，或者与他人发生博弈，这些都会影响个体的判断（刘嘉等，2014）。为了解决这个问题，主张每个个体独立决策的德尔菲法就自然被提了出来。德尔菲法是一种高效的、通过群体交流与沟通来解决复杂问题的方法（Linstone and Turoff，2001）。德尔菲法常用来进行多目标决策、群决策以及模糊决策。例如 Yang 和 Hsieh（2009）运用德尔菲模糊多目标决策方法研究了模糊群决策的问题。Chang 等（1995）研究了基于模糊德尔菲法的大工程计划方法。Lois（2006）用德尔菲方法研究导致公共关系中的伦理决策的关键价值观。由此可见，利用德尔菲法来对应急物资的准备与调度的相关问题进行决策是有效的。

综上所述，整合应急物资的准备、调度、决策等诸多方面于一个系统，并对其进行分析优化的研究比较缺乏，而将这个系统通过编程实现更是少有研究涉及。但是，建立这样一个决策支持系统却能够很好地帮助政府在重大突发事件中对应急物资进行有效的筹运。

1.3 重大突发事件应急物资的界定

1.3.1 重大突发事件应急物资的概念和特征

根据学术界普遍认可的观点，本书将重大突发事件定义为突然爆发、难以控制、易出现次生灾害，并且对社会造成重大影响的事件。这类事件发生的概率极低，可一旦发生，就会给社会造成巨大的生命和财产损失。它们包括自然界灾难，例如地震、海啸、飓风、传染性极强的致命疾病等；也包括人为造成的特大安全事件，例如大规模室内火灾、化工厂剧毒物质严重泄漏等。重大突发事件有耦合性、瞬时性、灾难性、不可预测性、难控制性等特征。耦合性是指各种重大突发事件成因共同作用，才会导致事件的发生，这必然使得重大突发事件发生的概率极小；瞬时性是指事件的爆发过程用时极短，通常在一瞬间就将突发事件所包含的巨大能量释放出来；灾难性是指事件会造成巨大的生命财产的损失，且很难完全避免；不可预测性是指人们无法对事件的类型、发生时间和地点进行预报；难控制性是指事件发生后，人们很难对其发展趋势进行有效预见和引导。

为了减少重大突发事件对社会造成的损失，人们必须建立起有效的应对机制，一旦事件发生，则可以在第一时间展开救援工作。而充足的应急物资供给是救援工作高效进行的重要保证。凡是在重大突发事件的应急救援过程中需要的物资都属于应急物资范畴，它既包括救援人员所需的物资，也包括灾民所需的物资，还包括应急管理人员需要的物资。而本书所研究的重大突发事件应急物资则界定在直接涉及受害者生命救援相关的物资范畴内，例如医疗器材、药品、食物、饮用水、御寒物品等，而不包括救援人员或者应急管理人员自身生活和工作所需的物品，如通讯设备等。

基于此，可以分析出本书所要研究的重大突发事件应急物资将具有以下五个特征：

第一，预估困难。由于重大突发事件的发生概率极小，在同一个地点发生相同事件的情况几乎是不可能的，所以相关的专家和决策者缺乏相应的应对经验。因为无法具体得知潜在的突发事件的具体方位和破坏程度，所以对于应急物资的需求类型和数量的预估也非常困难。甚至在事件发生后，由于难以控制事态的发展趋势或者预测次生灾害，而始终无法准确预估应急物资的需求类型和数量。

第二，时间紧迫。在一般情况下，对于重大突发事件的预测往往都在事件发生前的很短的时间内。因此，政府的工作人员必须尽快筹措应急物资以备调用。在事件发生后更是如此，应急物资的准备、调度和运输的时间占用的是整个救援准备的时间。特别地，事件发生后的若干小时是挽救灾民生命的黄金期，此时如果应急物资早一刻到位，救援工作就早一刻开始，从而为拯救伤员提供更好的保障。

第三，绝对保证。重大突发事件中的应急救援物资要么是直接挽救灾民生命的救援器械、医疗器械等，要么是保证灾民基本生存的食物、饮用水和药品等。因为直接与人的生命相关，所以其供给的种类和数量都不能打任何折扣。并且，对于政府和有社会责任感的企业而言，应急物资供给的优先级最高。在同样的一批物资有多种需求的时候，必须优先保证应急救援的需求。在应急物资缺乏的时候，甚至要不惜一切代价收集和生产。

第四，频繁变化。因为专家和决策者们无法准确预测和控制重大突发事件的发展趋势，所以只能根据事态发展的最新信息不断更新自己的决策行为。在重大突发事件发生后，专家和决策者们会收到关于事件的第一手信息，这些信息是不详尽的，但他们不得不立即根据这些初始信息做出应急物资的相关初始决策。之后，随着事件的发展，各种应急物资的需求信息会被逐步地收集和补充进来。另外，次生灾害也会不断发生，所以应急物资的需求也可能发生很大变化。因此，专家和决策者们必须基于这些不断更新和变化的信息，修正或者重新拟订应急物资准备和调度的计划。

第五，来源多样。在应急物资的预先准备的过程中，可以有多种来源渠道，例如向相关的生产企业订制或直接购买，或者跟企业签订一些期权合约，保证一旦事件发生，企业必须立即供给提前预约的应急物资。如果应急物资的预先准备量不能满足救援需求，那么在应急物资的补充过程中，除了全部调用政府准备仓库中的物资之外，也可以考虑其他多种物资来源渠道，例如向供应商补充征购应急物资，或者通过媒体向一些组织请求捐赠应急物资，甚至可以邀请国际社会的力量参与救援工作，等等。但一般而言，国土面积较小的国家更倾向于邀请盟国参与救援。但是，这种方式并不太适用于我国使用。

1.3.2 重大突发事件应急物资的类别

由于重大突发事件的类别不同，所需要的应急物资的细分种类也会有所差异。但是对于多数造成大量人员伤亡的重大突发事件，以生命救援为主要目标的应急物资有四种是必不可少的，包括救生器械、急救必需品、医疗药品和生活必需品。

救生器械，包括生命探测仪、挖掘设备和起重设备等。这类应急物资主要用于直接帮助受灾者脱离致命的环境，例如寻找有生命迹象的受灾者，将其从致命的环境中拯救出来。这类应急物资往往体积很大，搬运不易，但又是不得不优先运送到受灾地的物资。

急救必需品，包括移动手术台、手术照明设备、输氧设备、手术器具、急救药品和医用血液等。这类物资全部属于医疗器具，它们都用于重伤灾民的紧急抢救。重伤的受灾者被救出危险环境后，医疗人员应该立即对其进行抢救。这类受灾者的伤情一般以外伤为主，颅脑损伤、四肢骨折等，需要手术治疗。受灾地的医疗人员必须对其进行初步的手术抢救，待其伤情稳定后，再将其送至附近医院进一步治疗。

医疗药品，包括一般常见病的口服药、注射药，一般外伤的外敷药，以及一些常见防疫药品等。不同于急救必需品，这些医疗药品往往被提供给那些伤情轻微或者未受伤的灾民，让他们自行处理伤情，以使有限的医疗人员全部投入到重伤灾民的抢救工作中。虽然这些药品的需求紧急程度不太高，但仍需尽早供应完成，否则可能导致轻伤员变成重伤员。

生活必需品，包括食物、饮用水、餐具、帐篷，以及衣服、被褥等御寒物品。此类物资主要提供给能够自己独立生存的灾民，以保证其基本的生活需求。这类物资的需求紧急程度各不相同，例如食物和饮用水往往需要在灾后第一时间运抵受灾地，而衣服、被褥和帐篷等则可等到其他应急物资供应完成后再开始运输。

综上所述，重大突发事件中的应急物资的主要类别如图1-1所示。

1.3.3 重大突发事件应急物资的阶段性需求

重大突发事件的应急救援阶段大致可分为两个：生命救援阶段和重建生活阶段。对于不同类型、不同破坏程度的突发事件，这两个阶段各自的持续时间不尽相同。一般而言，事件的破坏程度越高，事态越复杂，第二个阶段持续时间越长，第一个阶段的工作压力越大。其中，第一个阶段的持续时间是相对固定的，一般为72小时，一旦超过该时间，生命的存活概率就非常低。因此，在不同的救援阶段，应急物资的供给类型也会不同。

在生命救援阶段，应急物资的需求类型主要为：救生器械、急救必

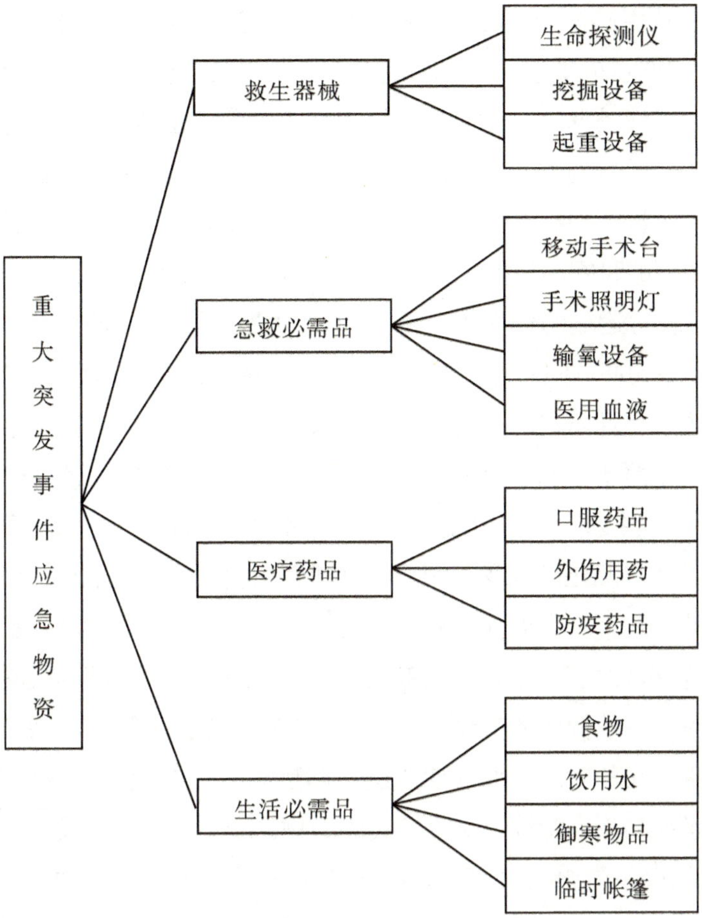

图 1-1　重大突发事件应急物资的主要类别

需品、食品和饮用水等。其中，救生器械是必须最先抵达灾区的，因为把受伤的灾民从危险环境中拯救出来是救援工作的第一步，也是关键的一步。在这个过程中，既要保证速度，又尽可能避免对伤员的二次伤害。在救援工作的初期，应该将救援运输车辆集中投入救生器械的运输中。所有的救生器械必须在数小时内全部运输完成，为后续的救援工作留出时间。整个应急救援的工作对救生器械的需求仅仅是最开始的一段时间，随着有生命迹象的伤员陆续救出，救生器械的需求频率也会随之下降。在救生器械全部运出之后，如果再有空余车辆，即开始起运急救必需品。将受伤的灾民从危险环境中救出之后，就应该立即对其进行医疗救助，所以此时对急救必需品的需求量就会快速增加。而应急救援的工作并不只是针对那些重伤的灾民，对于其他的灾民必须要保证其基本生存需求，同时救援人员本身也需要基本生存物资。因此，食品和饮用水要在很短的时间内运抵灾区，它们的运输优先级大致与急救必需品相当，故在实际运输的过程中，可将两类物资混合起来同时运输。另外，这两类物资也必须限时送到灾区，因为它们直接关系到灾民的生命需求。

在重建生活阶段，应急物资的需求类型主要为：医疗药品、御寒物品和临时帐篷等。在这些类的应急物资中，医疗药品的运输优先级最高，因为有些受轻伤的灾民虽然暂时没有性命之忧，但必须尽早将伤情控制，以免其恶化而危及生命。所以相应的内用外用药品要很快送达灾区。另外，重大突发事件之后必然会有疫病的蔓延，因此防疫类药品必须在疫病蔓延之前运抵。然后就是御寒物品，包括棉衣棉裤、被褥等。一般而言，身体健康的灾民在重大突发事件到来之后还能在较低的气温中存活相当长的时间。故前期的运输车辆重点不在运输御寒物品之上，而是在运输与生命救助有更直接关联的物品上。但御寒物品也必须在前期物资的运输得到保证之后，立即开始起运，以保证灾民的正常活动和休息。在御寒物品运输完成后，就可以开始运输临时帐篷。临时帐篷的搭建意味着应急救援正式进入了重建生活阶段。对于灾民而言，临时帐篷就等于临时的家，那么搭建临时帐篷就有利于灾区群众的情绪稳定，并在一定程度上改善他们的基本生活质量。

根据上述的重大突发事件应急物资的阶段性需求，政府可以对物资供给的顺序有一个大致认识，并且做到提前准备下一阶段所需的物资。等待需求信息到来时即刻起运，这样就能大幅度缩短部分重要应急物资的供给时间。

1.4 重大突发事件应急物资存储的分析框架

在日常对重大突发事件应急物资进行预先准备的时候，必须解决这些应急物资的存储问题。部分对存储环境要求比较特殊的应急物资(如医用血液等)可以委托供应商代为储存。而其余大多数应急物资都需要政府开辟专门的仓库来存储，只有这样才能做到重大突发事件爆发之后的快速调用。从而，应急物资存储的核心问题就是存储仓库的选址问题，它与应急物资的预先准备一样，都是在重大突发事件爆发前就必须完成的先期工作。应急物资的存储工作应该注意以下六个重要方面：合理分区、全面覆盖、协同存储、避免受灾、道路通畅和成本最低。

(1)合理分区，即根据潜在受灾区域的方位和预期应急物资的需求情况对受灾区域进行分区。分区的目的是合理分配应急物资存储仓库的负责范围。原则上一个应急物资存储仓库负责存储一片子区域的应急物资，重大突发事件发生后，该子区域的应急物资首先由其对应的存储仓库负责供给。在对应急物资存储仓库进行分区时，应该做到定性定量的结合。具体说来，对于可以用技术手段预测的数据应该做到尽量准确，如可能的受灾地、预期的灾害破坏程度、所需的部分应急物资种类和数量等。但是，有些方面却无法精确地定量预测，例如灾民的类型和地方政府的组织能力对于应急物资的需求种类和数量都有显著影响。在对受灾区域进行分区的时候应该充分考虑到所有的因素。

(2)全面覆盖，即所有的潜在受灾子区域都必须有应急物资存储仓库对其负责。具体说来，应急物资存储仓库的设计和选择应该以确保满足所有的潜在受灾地的要求，尤其不能够抱侥幸心理，故意忽略那些地理位置很偏远或者车辆通行很危险的潜在受灾地。事实上，这不仅仅是科学技术需解决的问题，更是道德和法律的严格要求。

(3)协同存储，即应急物资存储仓库的建设和选择应该考虑到部分应急物资的统一存储和运输的问题。对于一些对存储环境有特殊要求的应急物资，如果在每一个物资存储仓库都为其专门搭建存储环境，则成本可能很高，在政府有限的财政资金的前提下更不现实。所以，有必要适当选取少数物资存储仓库搭建合适的存储环境，使得这些仓库同时存储多个子区域所需的某种应急物资，而在重大突发事件爆发时，又能在相对较短的时间内为这些受灾地供给物资。另外，在具体安排物资存储仓库的地址时，也常会出现某些地点允许建立的仓库体积有限，不能满足仓库的物资存储需求，那么在这种情况下也需要其他的临近仓库协同存储一部分的物资。因此，在对物资存储仓库选择时，必须充分考虑到多个仓库协同存储物资时，物资的运输效率问题。

(4)避免受灾，即必须尽量保证物资存储仓库本身的安全。首先要注意仓库未来存放的物资在日常情况下是否会受到外界的影响和破坏。更重要地，在重大突发事件发生时，仓库应该尽可能避开事故灾害多发地，从而避免重大突发事件发生后，仓库首先受到严重损坏而无法取用其中存放的应急物资。例如，若将应急物资存储仓库设在土质松软的山下，则发生地震或泥石流的自然灾害时，仓库很可能成为首当其冲的受灾点，甚至遭受毁灭性的破坏。

(5)道路通畅，即物资存储仓库的选择必须考虑周边的交通的通畅性是否达到要求。在重大突发事件发生后，物资存储仓库一般都会直接成为应急物资集散点，从而它的选址工作需要考虑三个方面的问题：物资获取难度，车辆汇集难度，以及预期运输时间。首先，应该保证仓库与几个大供应商(特别是代为存储物资的供应商)之间有良好的交通环境，从而保证重大突发事件发生后，物资存储仓库能够在第一时间汇聚物资。其次，必须考虑事件发生后，物资运输车辆从外地赶往仓库的路途的通畅性，确保物资运输过程不会因为车辆无法按时到位而受到延误。最后则是预测物资存储仓库与受灾地之间的交通状况，并以此为基础对仓库进行选址，此即是为了保证车辆从仓库出发前往受灾地的路途上的畅通与安全。

(6)成本最低，即在物资存储仓库的建设工作中，控制成本与保证安全同等重要。由于物资存储仓库的选择工作是在日常情况下进行的，所以相关人员有充足的时间对各个方面的指标进行综合衡量。物资存储仓库的建设应该尽量节约资金。因为重大突发事件爆发后，应急物资的筹运时间远远不是仓库的所在地唯一决定的，而是受到很多复杂因素的共同影响。所以在进行仓库选择的过程中，不应忽略资金因素而过分追求仓库的最优建设地点。

综上所述，应急物资存储仓库的安排工作可以大致分为三个模块，即分区、定点和建设，每个模块都对应若干工作原理，如图 1-2 所示。所谓分区，即将整个潜在受灾区域分成若干个子区域，每一块都对应一

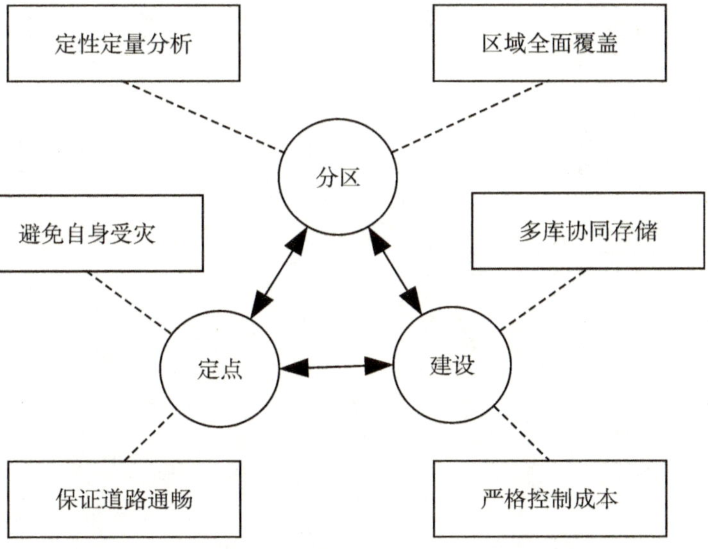

图 1-2　应急物资存储仓库选择的工作原理

个应急物资存储仓库。在分区的工作中，应该综合运用定性和定量的方法预测每片子区域的应急物资需求种类和数量，并且每片子区域都要有应急物资存储仓库负责。所谓定点，就是具体确定应急物资存储仓库的建设地点。在定点的工作中，应该首先尽量避免重大突发事件发生时，仓库自身受严重损害而导致应急物资未起运先受损的情况发生。然后，还要保证仓库周边的道路通畅。所谓建设，就是对应急物资存储仓库的修建工作。在这个过程中应该严格控制成本，并且要注重多个仓库协同存储物资的可能性。

1.5 我国目前应急物资准备与调度的基本模式

国务院 2011 年修订的《国家自然灾害救助应急预案》对国内的重大自然灾害的应急救援提供了制度保障。该预案对应急物资准备与调度的相关问题有明确的规定。

在物资预先准备的时候，中央和地方都要建立应急物资的储备仓库。各地的储备仓库都应该慎重规划，并形成一个有机网络，在事件发生后能够相互配合与补充。每个市级政府和灾害高发区的县级政府都必须根据实际情况设立应急物资储备仓库。同时，合理确定应急物资的准备品种和规模，建立健全国家和地方的应急物资采购和准备制度。在实际准备时，实物准备和能力准备必须相互结合，即对于部分应急物资采取实物准备，对于另一部分的应急物资则采取能力准备。能力准备即政府跟供应商签订合同，一旦灾害发生则供应商须立即组织生产和供给应急物资。政府事先做好各类供应商的名单，以节省事件发生后寻找和联系供应商所消耗的时间。另外，为了保证应急物资能够在关键时候切实派上用场，政府要制定各类物资的质量技术标准，并且在购入应急物资时严格用该标准把关。同时也要建立准备仓库的建设标准，以确保其能够存储一些对环境要求较高的应急物资，并且在发生重大灾害时，准备仓库本身不会受到大的损坏。各地方政府也要相应的制订地方应急物资运输预案，目的是更好地配合国务院的总体预案。

在应急物资的准备方面，首先，预期受灾地及周边地区的储备仓库必须立即启动应急待命机制，使仓库中的应急物资随时可以直接运出。

同时，公路、铁路和民航应该开启应急联动机制，相互配合完成应急物资的运输。所有的运输车辆待命，在确定了重大灾害的具体发生时间的情况下，应急物资甚至可以提前起运预测的受灾区域。

在灾后应急响应的时候，国家民政部负责调拨各类型的应急物资，并负责监督和管理物资的发放过程。公路、铁路和民航三种运输方式共同起用，并相互协调。铁路一般运输御寒物资、帐篷等需求量很大而又不是特别紧急的应急物资，公路运输的灵活性最高，是应急物资从集散地运输到各个受灾地之间的主要方式。对于一些需求紧急而又必须从别的省市调配的应急物资应该运用货运飞机将物资运抵物资集散地，然后再由公路车辆将物资运输到各受灾地。在应急物资运输和分发的过程中，军队、武警、民兵、预备役部队等有责任协助相关工作人员发放物资，并维持物资发放点的秩序。

综上所述，对于重大自然灾害，我国在应急物资的准备与调度方面的应对模式如图 1-3 所示。由于重大突发事件的个体差异很大，不同类型的重大突发事件的应对工作所涉及的专业经验、应急物资、救援器材和救援人员都大不相同。基于我国总体和国内一些特定地区的重大突发事件发生的实际情况，对于一些常见的事件类型，如大规模地震、洪涝灾害、干旱灾害等，全国人大、国务院以及相关的管理部门都制订了相应的法律法规和应急预案。

在国务院 2012 年修订的《国家地震应急预案》中，具体对重大地震的应对工作做了基本的部署。其中，与应急物资相关的规定基本都集中在应急救援的过程中。该预案规定，必须在国家层面建立健全准备网络、生产、调度和配送的体系，并做到国家总体体系与地方的分体系之间的协调配合。在震后，工程抢险装备、医疗器械和药品、生活救助物资是最重要的应急物资，必须在最短的时间内送到受灾地。县级以上的相关部门必须做好应急物资的准备工作，并且与相关的生产企业签订协议，一旦应急救援需要则立即组织生产应急物资。在地震发生后，须在每个村镇、街道都设立生活用品发放点，以方便灾民就近领取物资；同

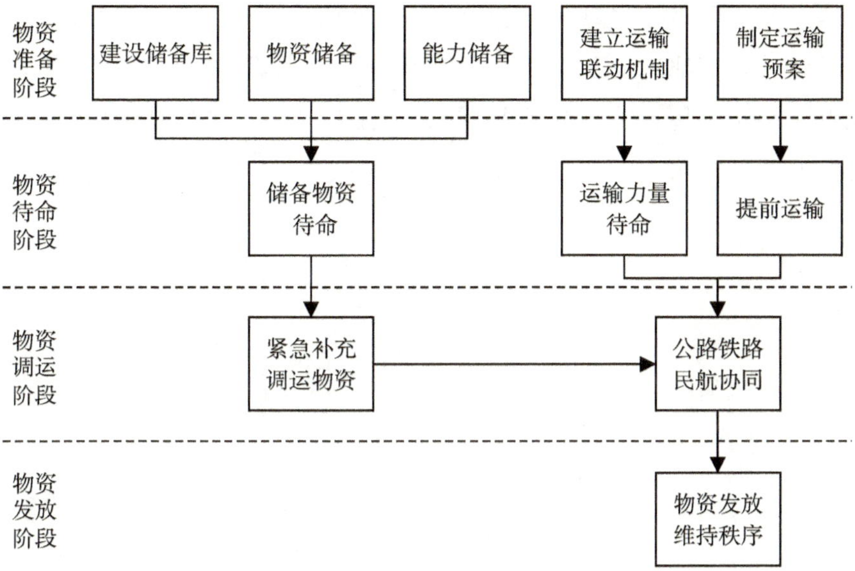

图 1-3　我国重大自然灾害应急物资的准备与调度模式

时，优先保证学校、医院和福利院的应急物资需求。军队、警察等要保证物资发放点的治安，防止应急物资遭到盗窃、抢劫或哄抢。对于境外的应急救援物资应该做好登记和检疫工作。

在国务院 2006 年颁布的《国家防汛抗旱应急预案》中，重点对江河洪水和干旱灾害等重大突发事件做了预先部署。其中，也对此类突发事件的应急物资准备和调度做了明确的要求。首先，国家或地方的防汛抗旱指挥部、重点防洪工程管理单位，和容易遭受洪水灾害的地方政府应该负责准备防汛抢险应急物资，同时优化应急物资的生产流程和做好生产能力准备。防汛物资管理部门应该积极了解国际国内先进的救援设备的情况，不断更新应急物资的准备品种，提高应急物资的科技含量。在干旱频发的地区，县级以上政府必须准备抗旱物资，一旦干旱灾害到来，这些物资由本级防汛抗旱指挥机构负责调配。严重缺水的地区应该建立应急供水机制和备用水源。在灾害到来时，有国家防总办公室负责调配应急物资，铁路、交通和民航部门负责运输物资。对于此类灾害，应急物资主要包括常规抢险机械、抗旱设备、物资和救生器材等。

这些预案都是我国各行业应急管理人员的长期应对经验的汇集、以及相关科学家和工程师的智慧结晶，并且它们也必将随着经验的持续积累和科学技术的进步而不断完善。

本章小结

本章基于相关的现实背景和现有文献，首先介绍了重大突发事件的概念和性质，界定了本书所研究的重大突发事件应急物资的范畴及其特征，包括预估困难、时间紧迫、绝对保证、频繁变化和来源多样。然后分析了重大突发事件应急物资的主要类别，包括救生器械、急救必需品、医疗药品和生活必需品等。阐述了重大突发事件应急物资的阶段性需求情况，即在生命救援阶段以及重建生活阶段，应急物资的需求类型分别为：救生器械、急救必需品、食品和饮用水等，以及医疗药品、御寒物品和临时帐篷等。随后，本章介绍了应急物资存储工作的六个重点（合理分区、全面覆盖、容量适用、避免受灾、道路通畅和成本最低）。最后本章基于我国中央政府颁布和修改的各类重大突发事件的应急预案，阐述了我国目前应急物资准备与调度的基本模式。

第 2 章

重大突发事件应急物资的预先准备

2.1 重大突发事件应急物资预先准备的渠道和资金来源

2.1.1 重大突发事件应急物资预先准备的资金来源

在日常情况下，政府应该积极购入和存储未来可能需要的应急物资。与事件发生后必须以最快速度获得应急物资的情况不同，日常的应急物资订购有相对充足的时间。另外，也无须为了争取时间而不计代价，因此在订购的过程中应该注重成本因素。而订购这些应急物资的资金一般是由政府支付的，那么订购的物资数量和价格等因素必然受到政府相关政策和措施的影响。

一般情况下，政府预先准备应急物资所需资金的来源主要有“税收”、“债券”和“收费”三个(Wu et al.，2014)。这三个渠道虽然相互独立，但实际的做法往往不是仅通过一个渠道获取资金，而是通过三个渠道共同获取资金，这个方式本书称为“TBC”方式(Tax- Bonds-Charges)。

“税收”是政府财政收入最主要的方式，也是应急物资准备资金的最主要的来源，它适用于各种类型、规模的突发事件。政府通过宏观规划，每年都会在税收收入中拨付一部分用于重大突发事件应急物资的订购和存储。对于我国而言，在2008年汶川地震之后，国务院对这方面的资金投入显著增长，从而使更多的资金投入到重大突发事件的应对中。

“债券”一般是针对可能发生的特别重大的突发事件损失的预防。由于税收的投入是有限的，如果发生类似汶川地震这种特别重大的突发事件，政府的财政就会吃紧。为了在一定程度上避免这种事情发生，政府会向社会发行一定数量的债券以应对可预见的未来有可能发生的特别重大的突发事件。这些突发事件发生的概率很小，可一旦发生，其破坏力却十分巨大。如果该事件果然发生，则政府通过这种方式向社会征集的资金正好可以用来救灾，即使事件没有发生，政府也只需向债权人支付少量的利息。这实际上类似于政府向群众买了一份关于特别重大的突发事件救灾的保险。

“收费”这种方式一般是用来应对小规模但是频发的事件。这些事件往往是由人为造成的，并且能够明确的找到相关责任人。一些企业，诸如钢材冶炼、造纸企业等，由于其生产过程的特殊性，极易引发火灾或环境污染等突发事件。故政府向它们定期收取一定的费用，以应对由它们可能造成的突发事件，这种获取资金的方式往往是强制性的。

综上所述，以上三种来源共同组成了政府对重大突发事件应急物资预先订购和存储的资金来源。这种“TBC”方式被包括中国在内的世界上的很多国家采用，从而保证了日常情况下应急物资的准备资金。

2.1.2　重大突发事件应急物资预先准备的渠道

对突发事件应急物资需求量的预测是进行应急物资准备的前提。政府应急管理部门会参考科研机构提供的可能发生的突发事件的信息、所在地区以往的类似事件的预测经验，以及所在地区的特点等，对需要的应急物资的种类和数量进行预测。

在确保了重大突发事件应急物资预先准备资金、做出了应急物资的需求量预测后，政府就要设法获得这些应急物资。获得这些应急物资的方式主要有两种：其一是向供应商直接订购物资；其二是与供应商签订合同期权。下面分别针对这两种获得方式及其对应的应急物资存储方法进行阐述。

政府向供应商直接订购物资。此方式是获得应急物资的主要方式，它适用于那些可以长久存放的应急物资，如医疗器械、救援器械、棉被、衣物、帐篷等。这些购得的应急物资都会被存放在政府设置的物资存储点内。每个存储点在设计之初都考虑了可能的突发事件的情况，以及各自的负责区域。因此，从这类物资存储点向受灾地运送物资，其速度一般会很快。所以，在有可能的情况下，政府应该首选直接订购应急物资并且自行存储的方式，但是，受到存储地容量、政府采购资金，以及应急物资的保质期的制约，部分应急物资不适于提前订购并放在存储点内。从而就产生了下面第二种应急物资获得方式。

政府与供应商签订合同期权。这种方式一般适用于那些无法长久存放，或者对存放地的环境、温度等有严苛的条件的应急物资，例如食物、饮用水、药品、医疗用品等。此类应急物资往往只适合在供应商所在地存储。其原因一是供应商可以采取动态库存的方式，即在保证一定的库存量的前提下，仓库内的物资随时都在动态更新，从而避免了物资的时效性制约；原因二是对于一些对存储环境有特殊要求的应急物资来说，例如需要冷藏的药品和医疗用品，只有供应商对其存储有经验、设备和技术。基于这种情况，政府可以与供应商签订相应的期权合同。一旦出现重大突发事件，则期权合同生效，供应商立即向政府提供应急物资。但由于供应商存放应急物资的地点没有经过政府统一规划，所以在突发事件后，将应急物资运送到集散地所需的时间往往比前一种方式长。

综上所述，只有将上面两种应急物资预先准备和存储的方式结合使用，才能有效的平衡速度和质量的矛盾。在确定了具体的物资购买方案后，就应该立即着手购入物资。

2.1.3　重大突发事件应急物资预先准备的工作要素

为了在重大突发事件爆发之后的能立即向受灾地运送应急物资，在日常情况下，政府须预先向物资生产商购买和储存一些应急物资。本书称其为重大突发事件应急物资的预先准备工作。该工作包含五个要素：准确、全面、协调、成本控制和多方筹资。

(1)准确，即相关监测部门应该尽可能准确地预报可能发生的重大突发事件。基于该预报，政府工作人员和专家应该准确地分析可能需要的应急物资的种类和数量。在一般情况下，对于重大突发事件的预测不可能十分准确，故应急物资需求量预测也无法做到绝对精确，其预测结果往往是一个可能的范围。所以尽可能把预测结果的范围缩小，而又尽量包含所有的可能性，这就是准确原理的核心需求。这样更有助于应急物资准备方面的决策。

(2)全面，即应急物资预先准备工作应该涉及所有可能的应急物资需求，而不能遗漏。显然，突发事件发生时，任何应急物资的短缺都可能影响整个救援工作的进行，甚至会导致重大的人员伤亡和财产损失。在具体的操作过程中，虽然所有的应急物资都需要预先予以考虑，但并不是所有的应急物资都需要预先准备。由于政府的财政预算有限，仓库的容量也有限，所以一般优先存储那些必不可少的而又便于存储的应急物资，如帐篷、衣物、救生器械等。而对于食物和饮用水等不能长期存放的应急物资，政府可与相关的供应商签订合同，一旦重大突发事件发生，供应商就须立即供给相应的应急物资。

(3)协调，即各类应急物资的准备量应该相互协调。各类应急物资在正式使用的过程中，一定是相互配合相互衔接的。例如重伤员必须先从危险区域救出，再由医疗人员接手，故医疗救援相关的应急物资必须在救生器械相关的应急物资之后使用。另外，食品、饮用水、御寒衣物等的供应都必须符合灾民的实际需求，这些物资不仅相互不能代替，而且供给比例必须科学计算。其中任何一样物资过度供给，而其他物资严重缺乏的情况在一些没有良好的应急管理体制的社会中时有发生，而这种情况是必须避免的。

(4)成本控制，即在重大突发事件应急物资预先准备的过程中，要注意控制成本支出。首先，由于监测部门的预测不能保证准确，所以有可能预测的事件没有发生，从而准备好的应急物资没有派上用场，故在应急物资预先准备时，绝不能盲目增加物资准备量，以免造成国家财政资金的浪费。其次，任何类型的应急物资的存储都需要支付存储费用和折旧费用等，所以在决定购入应急物资并对其进行存储时，应该把日后的存储和折旧费用计算到物资的成本中，并制定一个能较好控制成本的准备计划。

(5)多方筹资，即政府必须通过多种方式筹措重大突发事件应急物资预先准备的资金。政府在应急物资预先准备方面的资金投入是有限的，而这些资金无法满足应急物资准备的全部要求。故政府应该采取多种手段和方式筹措应急物资准备资金。例如前面所介绍的发行一定量的债券用来补充应急物资准备资金的缺口，而对于一些类似常导致重大突发事件的企业，可以通过强制收费和罚款等方式积累应急物资准备资金。

物资预先准备工作需要经历四个步骤：物资需求预测、政府筹集资金、确定购买方案和物资正式购入，在这四个步骤中，政府都要遵循上述的相关原则，如图 2-1 所示。具体说来，在物资需求预测时，相关技术部门应该尽量提高预测精度；在政府筹集资金时，应该利用多个渠道共同获得资金；在确定购买方案时，政府应该全面考虑物资的种类和数量，以及保证各类物资的购入比例相协调；在物资正式购入时，政府应该尽量控制成本。

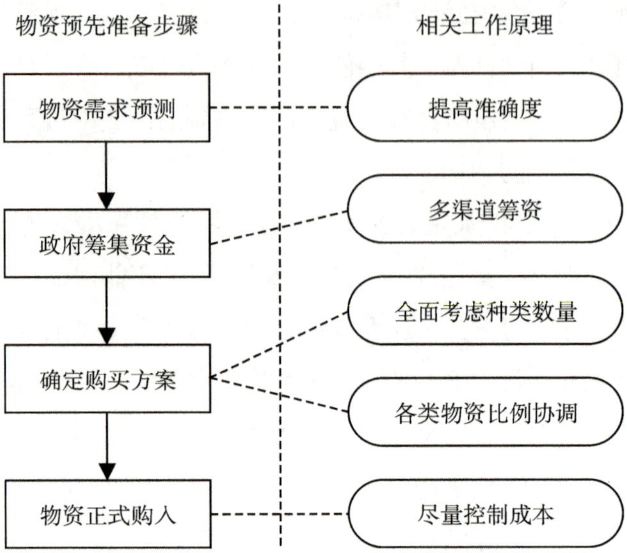

图 2-1　应急物资预先准备的工作原理

2.2 重大突发事件应急物资预先准备的模型

2.2.1 重大突发事件应急物资预先准备模型的假设

对于大多数重大突发事件，例如地震、台风、海啸等，都会有专门的部门负责对其研究和预测。但由于现代科学技术水平的限制，往往都不能预测得十分准确，而只能得到一个大致的时间段内，可能发生的重大突发事件的大致强度范围。政府应急管理部门得到在可预见的未来发生某种事件的概率，以及可能的强度等信息后，就会根据当地的实际情况和以往的经验，判断出需要哪些类型的应急物资，以及各类物资的需求数量范围。

在大致确定了应急物资的需求种类和需求数量之后，政府就开始向供应商订购这些物资。一般情况下，如果预先订购应急物资，应急管理部门可以招标，选择出价较低的企业，而企业也有比较充足的时间控制成本，所以应急物资的价格一般较低；如果在突发事件发生时补充征购物资，政府将没有充足的时间在大范围内选择出价较低的企业，企业由于临时加班生产也会导致应急物资成本升高，所以这个时候应急物资的价格会比较高。

另外，政府在购得应急物资后，需要对其进行储存，从而会因此产生存储费用。同时，应急物资的存储地的存储容量也有限制。在一般情况下，购得的物资量都不能超出仓库的最大容量，否则耗费大量资金建设新仓库。从而在政府提供给应急物资预先准备的财政资金一定的情况下，如何最高效地购买应急物资就是下面的模型要研究的问题。

假设在一次应急物资预先准备过程中，共需要准备 k 种应急物资，第 i 种应急物资的订购量为 Q_i，提前订购的单价为 P_{i1}，补充征购的单价为 P_{i2}，单位存储费为 C_i，需求量为 R_i。R_i 服从某一个概率分布 $F_i(R_i)$，其密度函数为 $f_i(R_i)$，($i=1, 2, \cdots, k$)。每种物资的需求数量相互独立。政府提供给应急物资准备的财政资金最高不超过 E。存放应急物资的仓库最多只能存放 S 个单位体积的物资。

2.2.2　重大突发事件应急物资预先准备模型的建立

基于上节的假设，下面建立突发事件应急物资的预先准备模型。

首先，在认为实际财政资金和仓库容量没有限制的情况下，计算第 i 种应急物资的最优准备策略。

需要支付的存储费用为：

$$C_i(Q_i)=\begin{cases}C_i(Q_i-R_i), & R_i<Q_i\\0, & R_i\geqslant Q_i\end{cases}$$

需要支付的订购费用为：

$$S_i(Q_i)=\begin{cases}P_{i1}Q_i, & R_i<Q_i\\P_{i1}Q_i+P_{i2}(R_i-Q_i), & R_i\geqslant Q_i\end{cases}$$

从而，需要支付的总费用为：

$$P_i(Q_i)=\begin{cases}P_{i1}Q_i+C_i(Q_i-R_i), & R_i<Q_i\\P_{i1}Q_i+P_{i2}(R_i-Q_i), & R_i\geqslant Q_i\end{cases}$$

则总费用的期望为：

$$E[P_i(Q_i)] = \int_0^{Q_i}[P_{i1}Q_i + C_i(Q_i - R_i)]f_i(R_i)dR_i + \int_{Q_i}^{+\infty}P_{i1}Q_i + P_{i2}(R_i - Q_i)f_i(R_i)dR_i$$

显然，它是一个连续函数，为了求其极值，可以先对其求一阶导数，即

$$\frac{\mathrm{d}E[P_i(Q_i)]}{\mathrm{d}Q_i} = \frac{\mathrm{d}}{\mathrm{d}Q_i}\int_0^{Q_i}[P_{i1}Q_i + C_i(Q_i - R_i)]f_i(R_i)\mathrm{d}R_i + \frac{\mathrm{d}}{\mathrm{d}Q_i}\int_{Q_i}^{+\infty}P_{i1}Q_i + P_{i2}(R_i - Q_i)f_i(R_i)\mathrm{d}R_i$$

经过计算、整理可得：

$$\frac{\mathrm{d}E[P_i(Q_i)]}{\mathrm{d}Q_i} = (P_{i1} + C_i)\int_0^{Q_i}f_i(R_i)\mathrm{d}R_i + (P_{i1} - P_{i2})\int_{Q_i}^{+\infty}f_i(R_i)\mathrm{d}R_i.$$

再令：

$$\frac{\mathrm{d}E[P_i(Q_i)]}{\mathrm{d}Q_i} = 0$$

记：

$$\int_0^{Q_i}f_i(R_i)\mathrm{d}R_i = F_i(Q_i),\ \int_{Q_i}^{+\infty}f_i(R_i)\mathrm{d}R_i = 1 - F_i(Q_i).$$

则有：

$$(P_{i1}+C_i)F_i(Q_i)+(P_{i1}-P_{i2})[1-F_i(Q_i)]=0$$

整理得：

$$F_i(Q_i)=\frac{P_{i2}-P_{i1}}{P_{i2}+C_i} \tag{2-1}$$

又因为$\frac{\mathrm{d}E[P_i(Q_i)]}{\mathrm{d}Q_i}$连续可导，所以其二阶导数存在，为：

$$\frac{\mathrm{d}^2E[P_i(Q_i)]}{\mathrm{d}Q_i^2}=(P_{i1}+C_i)f_i(Q_i)+(P_{i2}-P_{i1})f_i(Q_i)>0$$

故此时的 Q_i^* 为极小值点，根据(2-1) 式可以解出 Q_i^*。实际的每种应急物资的订购量应该尽可能接近这一数值。

而又由于：

$$P\{R_i\leqslant Q_i\}=F_i(Q_i)$$

因此 $F_i(Q_i)$ 实际上就是应急物资供给能够完全满足需求的概率。

另外，如果要求第 i 种应急物资的实际供给能够完全满足需求的概率大于 X_i，则可表示为：

$$F_i(Q_i)>X_i \tag{2-2}$$

各类应急物资订购和存储的总资金不超过 E，可表示为：

$$\sum_{i=1}^{k}(P_{i1}+C_i)Q_i \leqslant E \tag{2-3}$$

所有应急物资的总存储量不超过 S，可表示为：

$$\sum_{i=1}^{k}Q_i \leqslant S \tag{2-4}$$

将(2-1)、(2-2)式分别规定为两个目标，记为目标 1 和目标 2。(2-3)式和(2-4)式为绝对约束，即必须遵守的条件。如果在实际情况中，目标 1 是首要目标，目标 2 是次要目标，则可建立多目标规划模型如下：

$$\min Z = M_1(d_{i1}^- + d_{i1}^+) + M_2 d_{i2}^+$$

$$\text{s.t.}\begin{cases} F_i(Q_i)+d_{i1}^- - d_{i1}^+ = \dfrac{P_{i2}-P_{i1}}{P_{i2}+C_i} \\ F_i(Q_i)+d_{i2}^- - d_{i2}^+ = X_i \\ \sum\limits_{i=1}^{k}(P_{i1}+C_i)Q_i \leqslant E \\ \sum\limits_{i=1}^{k}Q_i \leqslant S \\ i=1,2,\cdots,k;d_{i1}^-,d_{i1}^+,d_{i2}^-,d_{i2}^+,d_3^-,d_3^+,d_4^-,d_4^+,Q_i>0 \end{cases}$$

其中，M_1，M_2，M_3是任意大的正数。解这个多目标规划问题，可以得到最优的准备量 Q_i。特别地，当应急物资的需求 R_i 在$[a_i, b_i]$区间内服从均匀分布时，其分布函数为：

$$F_i(R_i)=\begin{cases}0, & R_i<a_i \text{ 时；}\\ \dfrac{R_i-a_i}{b_i-a_i}, & a_i\leqslant R_i<b_i \text{ 时；}\\ 1, & R_i\geqslant b_i \text{ 时。}\end{cases}$$

此时，上述多目标规划模型就可转变为线性的问题，即：

$$\min Z=M_1(d_{i1}^-+d_{i1}^+)+M_2d_{i2}^+$$

$$\text{s. t.}\begin{cases}Q_i+d_{i1}^--d_{i1}^+=\dfrac{(P_{i2}-P_{i1})(b_i-a_i)}{P_{i2}+C_i}+a_i\\ Q_i+d_{i2}^--d_{i2}^+=(b_i-a_i)X_i+a_i\\ \sum\limits_{i=1}^{k}(P_{i1}+C_i)Q_i\leqslant E\\ \sum\limits_{i=1}^{k}Q_i\leqslant S\\ i=1,2,\cdots,k;a_i,b_i,d_{i1}^-,d_{i1}^+,d_{i2}^-,d_{i2}^+,d_3^-,d_3^+,d_4^-,d_4^+,Q_i>0\end{cases}$$

这时，可以利用线性规划的方法来解决这个问题。该问题的最优解，就是当前情况下的各类应急物资的最佳准备量。

2.3 重大突发事件应急物资的长期动态储备分析

事实上，一个地区的应急物资的积累是一个长时间、多阶段的过程。具体说来，因为对重大突发事件的预测不准确，很可能出现此次准备了应急物资，但事件没有发生或者破坏程度比预期小的情况。那么，此次的剩余物资就应该继续存储在仓库中。在下次应急物资的准备任务到来时，这些物资就作为前期准备量，参与到后续的最优准备量的计算中。

在这个过程中，应急物资的存储量是动态变化的。如果预期的突发事件应急物资需求大于当前库存量，则政府向仓库内补充物资；如果预期的应急物资需求小于当前库存量，则政府可以不用另行准备应急物资；如果实际的突发事件特别重大，对应急物资的需求超过了仓库存储量，则政府需要补充征购物资以满足救援需求。

显然，对可能的突发事件预测得越准确，则政府的支出就越少，即不会出现过量购买应急物资而导致积压的情况，或者物资准备不足而必须补充征购的情况。因此，政府决策者和相关部门都在这个应急物资的预先准备过程中不断积累经验，以使预测的准确性逐步提升。

如果把政府对重大突发事件应急物资的长期动态储备过程中的各个影响因素以及它们之间的相互作用关系看成一个系统。那么可以建立如图 2-2 所示的系统流程图。

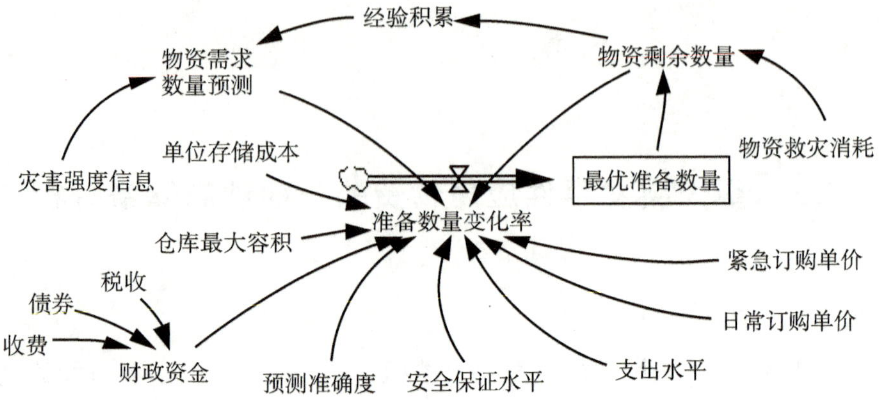

图 2-2 应急物资长期动态储备的系统流程图

本章小结

本章首先阐述了重大突发事件应急物资预先准备资金的三个来源(税收、债券和收费);应急物资预先准备的渠道，包括政府向供应商直接订购物资、政府与供应商签订合同期权等;以及应急物资预先准备的工作要素，包括协调、准确、全面、成本控制和多方筹资。随后提出重大突发事件应急物资预先准备的模型，该模型可以用来计算多种因素影响下的应急物资准备策略，包括但不限于应急物资的平常订购价格、补充征购价格、存储成本和容量、预测准确度、财政资金，以及支出最少和保证安全两个目标的取舍对应急物资的订购策略的影响。

第 3 章

重大突发事件应急物资的补充征购

3.1 重大突发事件应急物资补充征购的过程和谈判特征

3.1.1 重大突发事件应急物资补充征购的过程

上一章中提出的突发事件应急物资的预先准备模型，可用于突发事件到来之前对应急物资的预测和准备。但如果突发事件的严重程度超过了预期，预先准备的应急物资无法满足实际需要时，就必须对应急物资进行补充，而补充的主要方式仍是向供应商进行征购。

突发事件发生后，首先政府动用国家和地方的应急物资的日常库存投入救援。如果事件破坏力过于严重，或者随着救援工作的进行，库存的应急物资逐步耗尽的情况下，政府可行使提前与供应商签订的一些应急物资购买的合同期权。在这种情况下，供应商应该立即履行合约，第一时间生产和调度相应的应急物资，并将物资尽快运送到集散地。

若按照上述方式获得的应急物资仍然不能满足需求，政府则须立即通过其他途径来补充应急物资，向企业补充征购应急物资是主要途径。由于时间紧迫，政府在确定一个供应商有供货意愿之后，立刻与其就应急物资的数量、质量和价格进行谈判。如果谈判成功并且供应商的供给能力可以满足实际需求，则该应急物资的补充征购就完成了，接下来就等着供应商提供应急物资。否则，政府将继续寻找新的供应商继续谈判。一般情况下，政府都会极力促成应急物资的谈判，因为再寻找其他的供应商就会浪费宝贵的救援时间，导致更大的人员伤亡。

在政府向企业补充征购的应急物资数量或质量无法满足要求时，则可由其他途径补充应急物资，包括媒体号召社会捐赠，请求别国救援等。首先，政府可以通知当地的电视台、网络等媒体在第一时间报道事件信息，并号召相关的企业、组织或者个人捐赠应急物资；其次，政府还可以请求其他有救援经验和救援能力的国家协助救援工作，但这种情况常发生在自身救援力量比较薄弱的国家，或者与其他国家签订有救援协议的国家。例如在东日本大地震爆发后，日本政府就请求盟友美国协助救援工作，美国出动了航空母舰对其进行了帮助。上述的应急物资获得途径往往综合起来使用。因此，本书给出应急物资的补充过程，如图 3-1 所示。

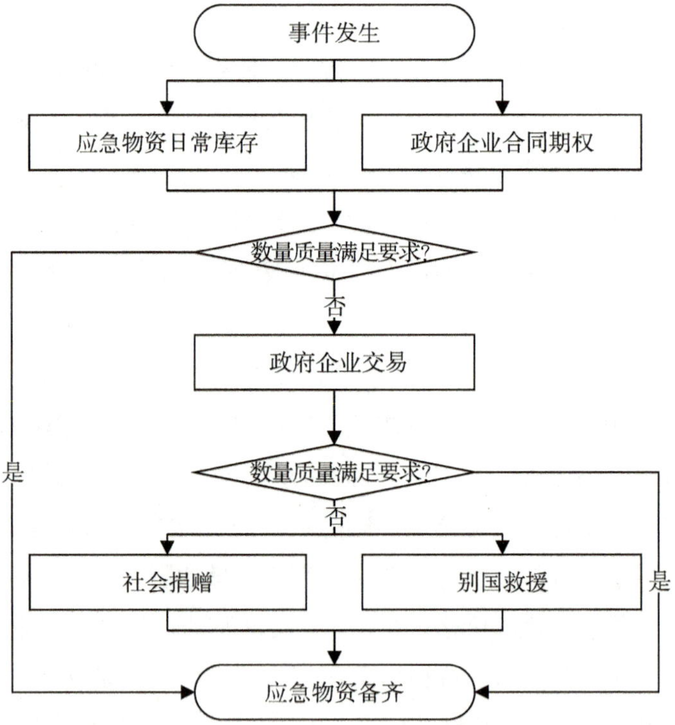

图 3-1 应急物资补充过程

3.1.2 重大突发事件应急物资补充征购的工作准则

根据前面的分析，如果政府预先准备以及合同期权对应的应急物资种类和数量无法满足实际需求时，政府就应该向供应商补充征购应急物资。本书称其为重大突发事件应急物资的补充征购工作。该工作包含五个准则：快速、宽裕、合理征用、成本次要和多渠道。

（1）快速，即应急物资的补充征购必须在最短的时间内完成。由于应急物资的补充征购，是后续调度、运输工作的基础，并且应急物资的准备、调度和运输在实际的多批物资需求的情况下往往是并行展开的。所以，应急物资补充征购的耗时量将直接关系到物资的准备、调度和运输的整体耗时量，进而影响应急救援工作的效率。同时，物资补充的时间可能比物资调度、运输的时间更长。因此，对于应急物资补充征购工作来说，严格控制时间是最重要的任务之一，也是缩短整体耗时量的重要手段之一。

（2）宽裕，即应急物资的补充征购数量应该略多于实际需求量，以避免实际需求波动和运输过程中的损坏而造成的物资供给量不足。在应急物资预先准备时，由于成本控制的原因，物资的准备量与预期的需求量应该相等。而在应急物资补充征购时，因为灾区的需求从“可能”变为“确定”，所以确定物资的准备量就应该以确保满足灾区需求为目标。

（3）合理征用，即在供应商不愿与政府合作，而政府又找不到其他合适的替代供应商时，政府应该行使强制措施补充征购供应商的应急物资，以保证灾区的应急救援需求。在一般情况下，政府应该与供应商平等谈判来协商应急物资的数量、质量和价格。但是，在涉及灾民生命救援的情况时，如果相关的应急物资供应商由于缺乏社会责任感而不愿意与政府合作，那么政府有权力强制征购应急物资以投入救援工作。

（4）成本次要，即在补充征购应急物资时，政府应该把物资的补充征购成本放在次要的位置，而主要是保证应急物资按时保质保量的抵达集散地。在重大突发事件未发生时，应急物资的预先准备是要顾及成本的，可一旦事件确实发生，灾区的物资需求从假设变为现实时，应急物资的供给量就是绝对硬性的。在任何情况下，都应该先保证物资供给速度、数量和质量，在这个基础上，才可考虑成本的因素。

(5) 多渠道，即应急物资的补充征购不能局限在一种来源，而应该采取多渠道灵活供给的方式。把补充征购过程中的各种风险分摊到多个渠道上，会有效地保证应急物资的顺利补充。另外，由于各个渠道的物资供给速度不同且时常变化，所以政府可以重点选择当时供给速度较快的一些渠道。这里的应急物资补充征购渠道主要包括政府向供应商补充征购物资、政府通过媒体向社会请求捐赠，以及国家邀请国际救援力量的加入等。

由上面的分析可以得知，应急物资补充征购的原理与应急物资预先准备的原理是有显著区别的，如表 3-1 所示。首先，应急物资预先准备的时间是比较宽裕的，而补充征购的时间却非常有限。其次，应急物资预先准备的数量一般只需要达到某个安全标准，而补充征购的数量则必须达到甚至超过实际物资需求。再次，应急物资预先购买时是必须控制成本的，而补充征购时为了挽救生命而须不惜成本。最后，两者的来源渠道不同，前者较为单一，通常只是向生产商订购，而后者除此之外还有请求捐赠和邀请国际救援力量等。

表 3-1 **应急物资预先准备与补充征购原理的对比**

	应急物资预先准备	应急物资补充征购
准备时间	较为宽裕	非常有限
准备数量	仅需达到安全标准	确保满足实际需求
购买成本	必须考虑	基本不予考虑
来源渠道	较单一	多种

3.1.3 重大突发事件应急物资补充征购谈判的特征

相比于一般物资，重大突发事件的应急救援物资有其特殊性。首先，政府对其的需求弹性很低。因为涉及人的生命财产安全，其需求量往往是刚性的。政府在补充征购应急物资时不能在种类和数量上打任何折扣，否则会影响救援效果，导致更大的人员伤亡。其次，企业对其的供给弹性也很低，因为一旦企业和政府之间签订了订购合约，则出于法律效力、政府强制措施，以及企业自身的社会声誉着想，企业都会尽一切可能满足订单的需求。

因此，对于应急物资的补充征购谈判与对于一般物资的征购谈判有明显的区别，它主要表现在以下几方面：第一，应急物资补充征购谈判受到的时间约束远远强于一般物资的征购谈判。因为谈判每多消耗一分钟，救援时间就会减少一分钟。第二，应急物资的订购价格高于一般物资。因为政府无法大范围地挑选供应商，且主观上希望促成当前的谈判以免让已经消耗的时间白费。第三，应急物资的成本高于一般物资。因为政府与供应商之间的谈判一旦成功，供应商必须立即组织工人调度和加班生产应急物资，从而须支付工人加班费。第四，应急物资的谈判失败会导致救援时间的浪费，从而间接导致伤亡人数的增加，这种损失是无法用金钱衡量的，而一般物资的谈判造成的损失较小。综上所述，应急物资补充征购谈判与一般物资征购谈判的区别如表 3-2 所示。

表 3-2　**应急物资补充征购谈判与一般物资征购谈判的区别**

	应急物资补充征购谈判	一般物资征购谈判
时间约束	强	弱
订购价格	高	低
物资成本	高	低
失败损失	高	低

近年来，中国政府采用了一种应急物资“质量优先”的购买原则，即首先政府给出应急物资的购入价格，然后供应商再提供自己的应急物资样品，最后政府再看应急物资质量是否达到要求。这种购买原则比以往的“价格优先”的原则更能选出能够提供优质的应急物资和供货能力强的供应商。本节的研究也是基于这种购买原则展开的。政府和供应商在确定的订购数量的前提下，就购入价格和应急物资质量展开博弈，博弈的最终结果就是政府确定一个价格，供应商确定一种应急物资质量水平，双方的得益达到最大。

对于供应商而言，其得益就是实际利润。很明显，政府给出的应急物资价格越高，供应商的实际利润就越高；该物资的生产、运输等成本越低，供应商的实际利润也越高。另外，这个实际利润还会受到其他因素的影响。首先就是加班费，因为政府对应急物资的需求很紧急，供应商必须加班加点生产和调度这些应急物资，在这个过程中需要额外付给工人加班费。还有一个很重要的影响因素就是交易成功率。在政府给出的价格较低，而供应商提供的应急物资质量较好的情况下，政府和供应商之间的物资交易成功率较高；在政府给出的价格较高，而供应商提供的应急物资质量较好的情况下，政府和供应商之间的物资交易量一般。然而，由于政府给出高价一般都是为了获得质量有保证的应急物资，所以，在政府给出较高的价格时，如果供应商提供的应急物资质量较差，政府和供应商之间的交易成功率就会非常低。另外，供应商的供货速度一般也不是固定不变的，如果政府给出的物资订购价格较高，供应商将更愿意付出一定的成本来加快供货速度。

对于政府而言，付出了资金，收获的是救援效果。救援效果是政府履行其职责的重要标志，对政府的声望的提升非常重要。政府付出的资金不仅包含购买应急物资的花费，也包括其他一些方面的花费。首先是供应商供货速度的快慢，供货速度直接影响应急物资投入使用的时间。其次，由于无论应急物资质量好坏，都有可能损坏而无法使用。这时政府需要联系供应商更换应急物资并重新运输，这个过程不仅仅会产生费用，更会影响救援工作的有效性。另外，如果政府跟当前的供应商谈判失败，无法达成交易，则必须寻找其他的供应商，那么就会损失一部分的救援时间，从而影响救援效果。

3.2 重大突发事件应急物资补充征购谈判的模型

3.2.1 政府与单一供应商谈判模型的假设和建立

基于上节提出的重大突发事件应急物资补充征购的机理，政府和供应商在应急物资的补充征购谈判中就应急物资的质量和价格进行谈判。具体说来，政府给定应急物资的征购价格，供应商提供应急物资的质量信息，双方经过一段时间的磋商最终确定是否达成交易。假设政府给定的价格有高、低两种，供应商提供的应急物资的质量有好、差两类。则二者的博弈得益矩阵如表3-3所示。

表3-3　　应急物资补充征购谈判博弈得益矩阵

		政府	
		给出高价（y）	给出低价（$1-y$）
供应商	提供高质量的应急物资（x）	SGH；GHG	SGL；GLG
	提供低质量的应急物资（$1-x$）	SPH；GHP	SPL；GLP

其中，x是供应商做出“提供高质量的应急物资”这一决策的倾向，y是政府做出“给出高价”这一决策的倾向。为了方便数学计算，这两个倾向都用概率来表示，即对于一个决策的倾向越高，则其发生概率越

高。SGH、SGL、SPH、SPL 为供应商在各种情况下的得益；GHG、GLG、GHP、GLP 为政府在各种情况下的得益。根据上节所分析的应急物资补充征购谈判的特征，可以得知：供应商的得益受到应急物资价格、应急物资成本、加班费、成功交易概率等因素的影响；政府的得益受到应急物资价格、救援效果、供货速度、重新运输价格、重新运输概率、再找供应商的时间成本、成功交易概率等因素的影响。从而可设：

$$\mathrm{SGH}=(p_1-c_1-v)\times w_1 \tag{3-1}$$

$$\mathrm{SGL}=(p_2-c_1-v)\times w_2 \tag{3-2}$$

$$\mathrm{SPH}=(p_1-c_2-v)\times w_3 \tag{3-3}$$

$$\mathrm{SPL}=(p_2-c_2-v)\times w_1 \tag{3-4}$$

$$\mathrm{GHG}=s_1\times r_1-p_1-a\times b_1-u\times(1-w_1) \tag{3-5}$$

$$\mathrm{GLG}=s_2\times r_1-p_2-a\times b_1-u\times(1-w_2) \tag{3-6}$$

$$\mathrm{GHP}=s_1\times r_2-p_1-a\times b_2-u\times(1-w_3) \tag{3-7}$$

$$\mathrm{GLP}=s_2\times r_2-p_2-a\times b_2-u\times(1-w_1) \tag{3-8}$$

其中，p_1和p_2分别为政府对应急物资给出的高价和低价，显然$p_1>p_2$。c_1和c_2分别为供应商提供的高质量和低质量的应急物资的成本，显然$c_1>c_2$。v是供应商紧急准备应急物资所付给工人的加班费。s_1和s_2分别为政府在给出高价和低价的前提下，供应商的供货速度，根据上节的

分析有 $s_1>s_2$。r_1和 r_2分别是高质量和低质量的应急物资对救援工作所起到的效果，一般有 $r_1>r_2$。a 是如果应急物资无法使用或损坏而须重新运输时，政府所受到的损失。b_1和 b_2分别是高质量和低质量的应急物资在救援过程中无法使用或损坏的概率。一般有 $0<b_2<b_1<1$。u 为政府决定不订购当前供应商的应急物资，转而寻找其他供应商时，政府所受到的损失。w_1为政府出高价且供应商提供高质量的应急物资，或者政府出低价且供应商提供低质量的应急物资时，供应商成功交易的概率。w_2为政府出低价且供应商提供高质量的应急物资时，供应商成功交易的概率。w_3为政府出高价且供应商提供低质量的应急物资时，供应商成功交易的概率。根据上节的分析有 $w_2>w_1>w_3>0$，且 $w_1-w_3>w_2-w_1$。另外，本书假设供应商一定有利可图，否则它将不会申请交易，即 $p_i>c_i+v$，$i=1$，2。

3.2.2 政府与单一供应商谈判模型的求解

由于政府和供应商都不是完全理性的决策者，所以它们在达到最终稳定策略之前往往需要一个学习过程。基于上一部分的假设，本部分运用进化博弈理论对政府和供应商之间针对应急物资补充征购谈判的博弈进行分析。下面依次讨论关于供应商和政府的进化稳定策略。

1. 供应商的进化稳定策略

供应商选择提供高质量的应急物资的情况下，其期望得益为：

$$\mathrm{ESG}=y\times\mathrm{SGH}+(1-y)\times\mathrm{SGL} \tag{3-9}$$

供应商选择提供低质量的应急物资的情况下，其期望得益为：

$$\mathrm{ESP}=y\times\mathrm{SPH}+(1-y)\times\mathrm{SPL} \tag{3-10}$$

从而，供应商的平均得益为：

$$\mathrm{EDS}=x\times\mathrm{ESG}+(1-x)\times\mathrm{ESP} \tag{3-11}$$

令$\frac{\mathrm{d}x}{\mathrm{d}t}$为供应商选择提供高质量的应急物资的概率变化率，则根据Weibull 提出的进化博弈理论，可得关于 x 的复制动态方程为：

$$F(x)=\frac{\mathrm{d}x}{\mathrm{d}t}=x\times(\mathrm{ESG}-\mathrm{EDS}) \tag{3-12}$$

将(3-1)、(3-2)、(3-3)、(3-4)、(3-9)、(3-10)、(3-11)式代入(3-12)式，整理得到：

$$\begin{aligned}F(x)=x(1-x)\{&y[(w_1-w_3)(p_1-c_2-v)+(w_1-w_2)(p_2-c_1-v)]-\\&[(p_2-v)(w_1-w_2)+c_1w_2-c_2w_1]\}\end{aligned} \tag{3-13}$$

博弈达到稳定状态时，x 不会随着时间变化而变化，即 $F(x)=0$。所以，$x=0$ 和 $x=1$ 均能达到稳定状态。而对于微小扰动具有稳健性的稳定状态，才是进化稳定策略。基于此，下面再讨论该博弈的进化稳定策略。

(A)当 $y=\frac{(p_2-v)(w_1-w_2)+c_1w_2-c_2w_1}{(w_1-w_3)(p_1-c_2-v)+(w_1-w_2)(p_2-c_1-v)}$时，$F(x)\equiv 0$，则所有的 x 都是进化稳定策略；

(B)当 $y\neq\frac{(p_2-v)(w_1-w_2)+c_1w_2-c_2w_1}{(w_1-w_3)(p_1-c_2-v)+(w_1-w_2)(p_2-c_1-v)}$时，为使 x 达到

进化稳定策略，由于 $F(x)$ 连续可导，故其还应满足：

$$\frac{\mathrm{d}F(x)}{\mathrm{d}x}=(1-2x)\{y[(w_1-w_3)(p_1-c_2-v)+(w_1-w_2)(p_2-c_1-v)]-[(p_2-v)(w_1-w_2)+c_1w_2-c_2w_1]\}<0 \tag{3-14}$$

由：

$$\begin{cases} w_1-w_3>w_2-w_1 \\ w_3<w_1<w_2 \\ p_1-c_2-v>p_2-c_1-v \end{cases}$$

可得到：

$$(w_1-w_3)(p_1-c_2-v)+(w_1-w_2)(p_2-c_1-v)>0 \tag{3-15}$$

所以：

(i) 当 $(p_2-v)(w_1-w_2)+c_1w_2-c_2w_1<0$ 时，即：

$$\frac{w_1}{w_2}<\frac{p_2-c_1-v}{p_2-c_2-v} \tag{3-16}$$

可以得到：

$$y[(w_1-w_3)(p_1-c_2-v)+(w_1-w_2)(p_2-c_1-v)]-[(p_2-v)(w_1-w_2)+c_1w_2-c_2w_1]>0$$

故只有 $x=1$ 才能使(3-14)式成立，即 $x=1$ 为关于供应商的进化稳定策略。

(ii)当$\frac{(p_2-v)(w_1-w_2)+c_1w_2-c_2w_1}{(w_1-w_3)(p_1-c_2-v)+(w_1-w_2)(p_2-c_1-v)}<1$，且$(p_2-v)(w_1-w_2)+c_1w_2-c_2w_1>0$时，该博弈关于供应商的进化稳定策略为：

$$\begin{cases} x=0, & y<\frac{(p_2-v)(w_1-w_2)+c_1w_2-c_2w_1}{(w_1-w_3)(p_1-c_2-v)+(w_1-w_2)(p_2-c_1-v)} \\ x=1, & \text{其他} \end{cases} \tag{3-17}$$

此时，由：

$$(p_2-v)(w_1-w_2)+c_1w_2-c_2w_1$$

得：

$$\frac{w_1}{w_2}>\frac{p_2-c_1-v}{p_2-c_2-v} \tag{3-18}$$

又由：

$$\frac{(p_2-v)(w_1-w_2)+c_1w_2-c_2w_1}{(w_1-w_3)(p_1-c_2-v)+(w_1-w_2)(p_2-c_1-v)}<1$$

得：

$$(-p_1+c_1+v)w_1-2(c_1+v)w_2+(p_1-c_2-v)w_3<0 \tag{3-19}$$

下面证明该式恒成立：

由：

$$\begin{cases} w_1-w_3>w_2-w_1 \\ w_3<w_1<w_2 \end{cases}$$

可得：

$$\begin{aligned}
&(-p_1+c_1+v)w_1-2(c_1+v)w_2+(p_1-c_2-v)w_3 \\
&<(-p_1+c_1+v)w_1-(c_1+v)w_1-(c_1+v)w_3+(p_1-c_2-v)w_3 \\
&=-p_1w_1+(p_1-c_1-c_2-2v)w_3 \\
&<-p_1w_3+(p_1-c_1-c_2-2v)w_3 \\
&=(-c_1-c_2-2v)w_3 \\
&<0
\end{aligned}$$

证毕。

2. 政府的进化稳定策略

政府选择给出高价的情况下，其期望得益为：

$$\text{EGH}=x\text{GHG}+(1-x)\times\text{GHP} \tag{3-20}$$

政府选择给出低价的情况下，其期望得益为：

$$\text{EGL}=x\text{GLG}+(1-x)\times\text{GLP} \tag{3-21}$$

从而，政府的平均得益为：

$$EDG = yEGH + (1-y) \times EGL \tag{3-22}$$

令$\frac{dy}{dt}$为政府选择给出高价的概率变化率，则关于 y 的复制动态方程为：

$$F(y) = \frac{dy}{dt} = y \times (EGH - EDG) \tag{3-23}$$

将(3-5)、(3-6)、(3-7)、(3-8)、(3-20)、(3-21)、(3-22)式代入(3-23)式，整理得到：

$$\begin{aligned} F(y) &= \frac{dy}{dt} \\ &= y(1-y)\{[(s_1-s_2)(r_1-r_2)+(2w_1-w_2-w_3)u]x- \\ &\quad [p_1-p_2-(s_1-s_2)r_2+u(w_1-w_3)]\} \end{aligned}$$

博弈达到稳定状态时，y 不会随着时间变化而变化，即 $F(y)=0$。所以，$y=0$ 和 $y=1$ 均能达到稳定状态。而对于微小扰动具有稳健性的稳定状态，才是进化稳定策略。基于此，下面再讨论博弈的进化稳定策略。

(A)当 $x=\frac{p_1-p_2-(s_1-s_2)r_2+u(w_1-w_3)}{(s_1-s_2)(r_1-r_2)+(2w_1-w_2-w_3)u}$时，$F(y)\equiv 0$，则所有的 y 都是进化稳定策略；

(B)当 $x\neq\frac{p_1-p_2-(s_1-s_2)r_2+u(w_1-w_3)}{(s_1-s_2)(r_1-r_2)+(2w_1-w_2-w_3)u}$时，为使 y 达到进化稳定策略，由于 $F(y)$连续可导，故其还应满足：

$$\frac{\mathrm{d}F(y)}{\mathrm{d}t}=(1-2y)\{[(s_1-s_2)(r_1-r_2)+(2w_1-w_2-w_3)u]x-[p_1-p_2-(s_1-s_2)r_2+u(w_1-w_3)]\}<0 \tag{3-24}$$

因为：

$$\begin{cases}w_1-w_3>w_2-w_1\\ w_3<w_1<w_2\end{cases}$$

(i)当 $p_1-p_2-(s_1-s_2)r_2+u(w_1-w_3)<0$ 时，即：

$$w_1-w_3<\frac{(s_1-s_2)r_2-p_1+p_2}{u} \tag{3-25}$$

可以得到：

$$[(s_1-s_2)(r_1-r_2)+(2w_1-w_2-w_3)u]x-[p_1-p_2-(s_1-s_2)r_2+u(w_1-w_3)]>0$$

故只有 $y=1$ 才能使(3-24)式成立，即 $y=1$ 为关于政府的进化稳定策略。

(ii)当：

$$\begin{cases}p_1-p_2-(s_1-s_2)r_2+u(w_1-w_3)>0\\ \dfrac{p_1-p_2-(s_1-s_2)r_2+u(w_1-w_3)}{(s_1-s_2)(r_1-r_2)+(2w_1-w_2-w_3)u}<1\end{cases}$$

时，即：

$$\begin{cases} w_1-w_3>\dfrac{(s_1-s_2)r_2-p_1+p_2}{u} \\ w_2-w_1<\dfrac{(s_1-s_2)r_1-p_1+p_2}{u} \end{cases} \tag{3-26}$$

此时，该博弈关于政府的进化稳定策略为：

$$\begin{cases} y=0, & x<\dfrac{p_1-p_2-(s_1-s_2)r_2+u(w_1-w_3)}{(s_1-s_2)(r_1-r_2)+(2w_1-w_2-w_3)u} \\ y=1, & \text{其他} \end{cases} \tag{3-27}$$

(iii)当$\dfrac{p_1-p_2-(s_1-s_2)r_2+u(w_1-w_3)}{(s_1-s_2)(r_1-r_2)+(2w_1-w_2-w_3)u}>1$时，即：

$$w_2-w_1>\frac{(s_1-s_2)r_1-p_1+p_2}{u} \tag{3-28}$$

可以得到：

$$[(s_1-s_2)(r_1-r_2)+(2w_1-w_2-w_3)u]x-[p_1-p_2-(s_1-s_2)r_2+u(w_1-w_3)]<0$$

故只有 $y=0$ 才能使(3-24)式成立，即 $y=0$ 为关于政府的进化稳定策略。

综上所述，对于政府而言，如果要保证供应商 k 提供高质量的应急物资，在初始时刻政府和供应商的行动没有倾向性，即 $x=0.5$；$y=0.5$ 的前提下，根据式(3-16)与(3-17)式，须满足：

$$\frac{w_{k1}}{w_{k2}}<\frac{p_{k2}-c_{k1}-v_k}{p_{k2}-c_{k2}-v_k}$$

或者：

$$\begin{cases}\dfrac{w_{k1}}{w_{k2}}>\dfrac{p_{k2}-c_{k1}-v_k}{p_{k2}-c_{k2}-v_k}\\ \dfrac{(p_{k2}-v_k)(w_{k1}-w_{k2})+c_{k1}w_{k2}-c_{k2}w_{k1}}{(w_{k1}-w_{k3})(p_{k1}-c_{k2}-v_k)+(w_{k1}-w_{k2})(p_{k2}-c_{k1}-v_k)}<\dfrac{1}{2}\end{cases}$$

整理可得：

$$P_{k2}>\frac{w_{k2}c_{k1}-w_{k1}c_{k2}}{w_{k2}-w_{k1}}+v_k \tag{3-29}$$

如果政府要保证与供应商 k 的交易价格为低价，在初始时刻政府和供应商的行动没有倾向性，即 $x=0.5$；$y=0.5$ 的前提下，根据(3-26)、(3-27)和(3-28)式，必有

$$\begin{cases}w_{k1}-w_{k3}>\dfrac{(s_{k1}-s_{k2})r_{k2}-p_{k1}+p_{k2}}{u_k}\\ w_{k2}-w_{k1}<\dfrac{(s_{k1}-s_{k2})r_{k1}-p_{k1}+p_{k2}}{u_k}\\ \dfrac{p_{k1}-p_{k2}-(s_{k1}-s_{k2})r_{k2}+u_k(w_{k1}-w_{k3})}{(s_{k1}-s_{k2})(r_{k1}-r_{k2})+(2w_{k1}-w_{k2}-w_{k3})u}>\dfrac{1}{2}\end{cases}$$

或者：

$$w_{k2}-w_{k1}>\frac{(s_{k1}-s_{k2})r_{k1}-p_{k1}+p_{k2}}{u_k}$$

整理可得：

$$p_{k1}-p_{k2}>\frac{1}{2}(s_{k1}-s_{k2})(r_{k1}+r_{k2})+(w_{k1}-w_{k2})u_k \tag{3-30}$$

综合(3-29)、(3-30)式，可以得到，政府若要以低价购得高质量的应急物资，则其应该给出的高价和低价分别为：

$$\begin{cases}p_{k1}=\frac{1}{2}(s_{k1}-s_{k2})(r_{k1}+r_{k2})+(w_{k1}-w_{k2})u_k+\frac{w_{k2}c_{k1}-w_{k1}c_{k2}}{w_{k2}-w_{k1}}+v_k\\ p_{k2}=\frac{w_{k2}c_{k1}-w_{k1}c_{k2}}{w_{k2}-w_{k1}}+v_k\end{cases} \tag{3-31}$$

3.2.3　政府与单一供应商谈判模型的结论

首先对供应商的决策依据进行分析。根据(3-16)式可知，当 w_1 远小于 w_2 时，供应商一定选择提供高质量的应急物资。根据(3-17)、(3-18)式可知，当 w_1 和 w_2 的差距很小时，供应商有一定的概率提供高质量的应急物资，也有一定的概率提供低质量的应急物资。也就是说，在政府给出低价时，如果高质量的应急物资成功交易概率远远大于低质量的应急物资成功交易概率，那么尽管高质量的应急物资成本高，但仍可以刺激供应商提供高质量的应急物资，即供应商更愿意薄利多销。根据(3-17)式可知，如果 p_1 远大于 p_2，即政府给出的高价远高出给出的低价，这种情况将会有效刺激供应商提供高质量的应急物资。从而，本书得出：

决策定律1：政府提高购买价格能够刺激供应商提供高质量的应急物资；供应商与政府的成功交易概率越大，供应商越愿意提供高质量的应急物资。

然后对政府的决策依据进行分析。根据(3-25)式可知，当w_1和w_3的差距很小时，政府一定会选择给出高价购进应急物资。这可以解释为政府在认为供应商很可能会提供低质量的应急物资时，倾向于以高价收购以刺激供应商改变主意。根据(3-26)、(3-27)式可知，当w_1和w_3的差距很大，且w_2和w_1的差距很小时，政府有一定的概率给出高价，也有一定的概率给出低价。根据(3-28)式可知，当w_2和w_1的差距很大时，政府一定会给出低价购进应急物资。这是因为政府在确定供应商会提供高质量的应急物资时，会尽量压低购入价格以降低支出。根据(3-27)式可知，如果r_1远大于r_2，即若高质量的应急物资对救援工作所起到的效果远好于低质量的应急物资，则政府更愿意给出高价以购进应急物资。从而，本书得出：

决策定律2：如果应急物资的低质量别很大或者政府认为供应商很可能提供低质量的应急物资，则政府会以高价购入以确保得到高质量的应急物资；在政府不确定供应商会提供什么质量的应急物资时，不会压低征购价格。

因此，对于政府而言，为了得到高质量的应急物资，最有效的办法是向供应商提供尽可能大的订单，其次才是提高收购价格；对于供应商而言，为了以更高的价格出售应急物资，应该向政府说明应急物资的低质量别很大，即对救援效果的影响很大，并且不事先向政府说明一定会提供高质量的应急物资。

3.2.4 政府与单一供应商谈判仿真系统

前面建立的进化博弈模型给出了供应商和政府双方经过一段时间的

学习过程而决定的最终稳定策略。然而，该模型本身难以形象的描绘供应商和政府从最初策略到最终稳定策略之间的决策行为演化过程。而这一过程恰恰是应急物资补充征购谈判和一般物资征购谈判的区别所在。为了有效地研究这一变化过程，本节将引入系统动力学的方法。具体说来，就是将对上述博弈过程中涉及的博弈对象、决策行为和对应价值等因素及其相互关系看成一个系统中的多个组成，然后建立一个反馈动态系统并对其进行仿真分析。

该系统主要由流位变量、流率变量、辅助变量，以及它们之间的相互关系构成。流位变量有两个，分别为供应商选择提供高质量的应急物资的概率(x)，以及政府选择给出高价的概率(y)。流率变量也有两个，分别是上述两个流位变量的变化率(dx/dt 和 dy/dt)。其余所有变量都是辅助变量，包括：表 1 中博弈双方的得益(SGH，GHG，SGL，GLG，SPH，GHP，SPL，GLP)；供应商选择提供高质量的应急物资的期望得益(ESG)；供应商选择提供低质量的应急物资的期望得益(ESP)；供应商的平均得益(EDS)；政府选择给出高价的期望得益(EGH)；政府选择给出低价的期望得益(EGL)；政府的平均得益(EDG)；以及模型假设式中所涉及的所有参数。基于此，可通过 Vensim 软件建立系统流程图，如图 3-2 所示。

该系统中显示各变量间关系的数学方程设置如下：

"dy/dt" = EDGT · y

"dx/dt" = EDST · x

EDGT = EGH−y · EGH−(1−y) · EGL

EDST = ESG−x · ESG−(1−x) · ESP

EGH = GHG · x+GHP · (1−x)

EGL = GLG · x+GLP · (1−x)

ESG = SGH · y+SGL · (1−y)

ESP = SPH · y+SPL · (1−y)

GHG = $r_1 \cdot s_1 - p_1 - a \cdot b_1 - u \cdot (1-w_1)$

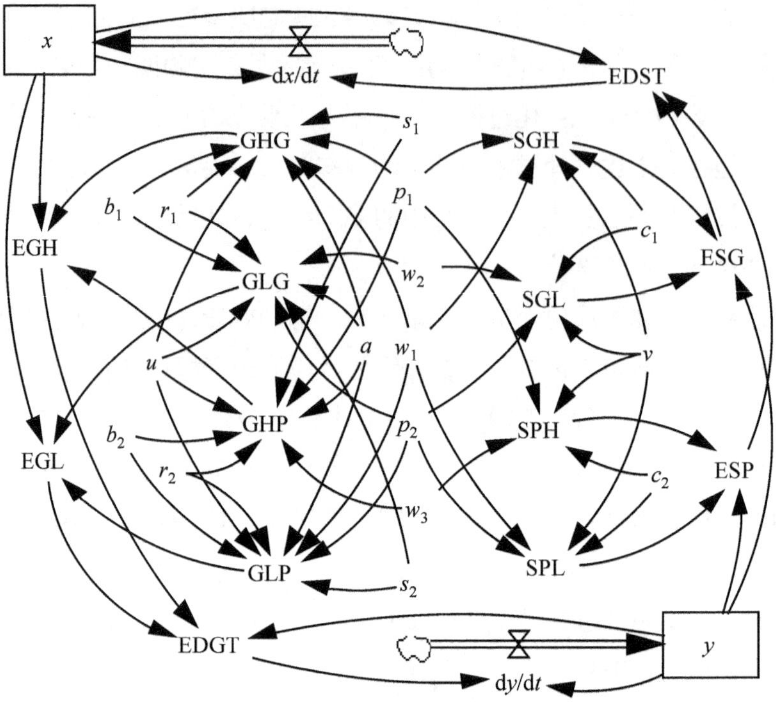

图 3-2　应急物资补充征购谈判仿真系统流程图

$$\text{GHP}=r_2\cdot s_1-p_1-a\cdot b_2-u\cdot(1-w_3)$$

$$\text{GLG}=r_1\cdot s_2-p_2-a\cdot b_1-u\cdot(1-w_2)$$

$$\text{GLP}=r_2\cdot s_2-p_2-a\cdot b_2-u\cdot(1-w_1)$$

$$\text{SGH}=(p_1-c_1-v)\cdot w_1$$

$$\text{SGL}=(p_2-c_1-v)\cdot w_2$$

$$\text{SPH}=(p_1-c_2-v)\cdot w_3$$

$$\text{SPL}=(p_2-c_2-v)\cdot w_1$$

3.2.5　政府与多个供应商谈判的模型及分析

如果在重大突发事件应急救援中，需要大量的应急物资，而扣除存储仓库的存量之后，仍然需要多个供应商共同供给才能满足需求，那么政府就会同时与多个供应商谈判，使得这些供应商的供给数量总和能够满足应急救援的需求。这个时候前面所述模型的参数“供应商成功交易的概率 w_1，w_2，w_3”就是一个随时间改变的量。

假设在一次重大突发事件中，共需要 m 个单位的某类型应急物资，而共有 K 个供应商可以提供该类型的应急物资，每个供应商能够供应的应急物资数量为 n_1，n_2，…，n_K，且 $n_1>n_2>\cdots>n_K$。政府依次与这些供应商谈判。

设供应商 k 成功交易的概率

$$w_{ki}=g_{ki}w_k,\quad i=1,\ 2,\ 3 \tag{3-32}$$

其中 g_{ki} 本节称为交易概率系数，显然由前面的假设 $w_{k2}>w_{k1}>w_{k3}>0$，且 $w_{k1}-w_{k3}>w_{k2}-w_{k1}$，可以得到 $g_{k2}>g_{k1}>g_{k3}>0$，且 $g_{k1}-g_{k3}>g_{k2}-g_{k1}$。为了计算方便，本书令 $g_{1i}=g_{2i}=\cdots=g_{ki}=g_i$。$w_k$ 本节称为基础成功交易概率，并将其设为

$$\begin{cases} w_k=\dfrac{n_k}{m}\cdot\dfrac{\sum_{j=1}^{K}n_j}{\sum_{j=2}^{K}n_j}, & k=1\text{ 时} \\ w_k=\dfrac{n_k}{m-\sum_{j=1}^{k-1}w_jn_j}\cdot\dfrac{\sum_{j=1}^{K}n_j}{\sum_{j=k+1}^{K}n_j}, & k>1\text{ 时} \end{cases} \tag{3-33}$$

根据(3-32)、(3-33)式可以计算出供应商 k 成功谈判的概率 w_{ki}。对于每一个供应商，政府与其谈判的博弈均衡点(即最终确定的应急物资质量和政府征购价格)是可以通过前面的方法求出的。那么，就可以得到政府与多个供应商谈判的成功率：

$$
\begin{cases}
w_{ki} = g_i \cdot \dfrac{n_k}{m} \cdot \dfrac{\sum_{j=1}^{K} n_j}{\sum_{j=2}^{K} n_j}, & k = 1 \text{ 时} \\
w_{ki} = g_i \cdot \dfrac{n_k}{m - \sum_{j=1}^{k-1} w_j n_j} \cdot \dfrac{\sum_{j=1}^{K} n_j}{\sum_{j=k+1}^{K} n_j}, & k > 1 \text{ 时}
\end{cases}
\tag{3-34}
$$

由(3-34)式可得:

$$
\frac{w_{(k+1)i}}{w_{ki}} = \frac{n_{k+1}}{n_k} \cdot \frac{m - \sum_{j=1}^{k-1} n_j w_{ji}}{m - \sum_{j=1}^{k} n_j w_{ji}} \cdot \frac{\sum_{j=k+1}^{K} n_j}{\sum_{j=k+2}^{K} n_j}
\tag{3-35}
$$

将(3-35)式中的 n_{k+1} 看作式中的唯一的连续的变量，令:

$$
f(n_{k+1}) = \frac{w_{(k+1)i}}{w_{ki}}
$$

则在 $f(n_{k+1})$ 可导时，可算得:

$$
\frac{\mathrm{d}f(n_{k+1})}{\mathrm{d}n_{k+1}} > 0
$$

从而 $f(n_{k+1})$ 是单调递增的函数。所以可以得到:

$$
\begin{cases}
\dfrac{w_{(k+1)i}}{w_{ki}} \geqslant 1,\ n_{k+1} \geqslant \dfrac{n_k(m - \sum_{j=1}^{k} n_j w_{ji})(\sum_{j=k+1}^{K} n_j)}{(m - \sum_{j=1}^{k-1} n_j w_{ji})(\sum_{j=k+1}^{K} n_j) + n_k(m - \sum_{j=1}^{k} n_j w_{ji})} \text{ 时} \\
\dfrac{w_{(k+1)i}}{w_{ki}} < 1,\ n_{k+1} < \dfrac{n_k(m - \sum_{j=1}^{k} n_j w_{ji})(\sum_{j=k+1}^{K} n_j)}{(m - \sum_{j=1}^{k-1} n_j w_{ji})(\sum_{j=k+1}^{K} n_j) + n_k(m - \sum_{j=1}^{k} n_j w_{ji})} \text{ 时}
\end{cases}
\tag{3-36}
$$

由(3-36)式可以看出，在政府与多个供应商依次谈判时，只要保证后一个供应商的供应量不低于某个值，就可以让实现谈判成功概率的连续上升。此情况下，应急物资征购谈判终止于第 z 个供应商的条件是：(1)已经谈判的前 $z-11$ 个供应商的总供给量 so_z 小于实际需求量；(2)该总供给量与实际需求量的差距小于第 z 个供应商的供给能力；(3)政府与第 z 个供应商的征购谈判成功。那么应急物资征购终止于第 z 个供应商的概率是：

$$p_z = P\{so_z > m,\ so_z - n_z < m\} \cdot w_{zi}$$

3.2.6 政府在应急物资征购谈判中的原则

政府与供应商在应急物资征购谈判中，应该尽量达到三个目的，包括：(1)购入高质量的应急物资；(2)付出较低的资金；(3)在短时间内完成谈判。理论上，利用式(3-31)可以求出政府在谈判时应该给出的最佳的高价和低价。但该式中的部分参数无法精确获得，而需要靠专家的估算；部分参数虽然能够准确获得，但须花费大量时间。而政府与各个供应商谈判的成功率数值对于政府的行动也没有很大的指导意义。所以，在重大突发事件的情景下，总结出一个政府在应急物资征购谈判中的行动原则是更加实用的方法。在政府一次只能与一个供应商谈判的情况下，基于上一节的分析，本节提出政府在应急物资征购谈判中的"WRAD"原则：

限制低价。根据(3-29)式可知，政府应该确保其提供的低价不低于一个阈值。事实上，对于供应商来说，其提供应急物资的最主要目的就是为了盈利，如果政府提供的价格合理，就能促进他们之间的顺利谈判。另一方面，政府提供较高的价格，也会激励供应商提供高质量的应急物资。

拉开差价。根据(3-30)式可知，政府应该使自己给出的高价与低价之间的差值不低于一个阈值。政府在给出不同价格的时候，可以同时给出相应的对应急物资质量的期望。这样，对于政府来说，拉开不同价格之间的差距，能够让其更方便地以合理的价格得到质量不错的应急物资。

从大到小选择，从小到大谈判。根据(3-36)式可知，在政府依次与多个供应商谈判的情况下，当某供应商的供给能力大于一个阈值时，就可以使政府与其的谈判成功率高于前一个供应商。显然也可以推导出，如果后一个供应商的供应能力比前一个供应商的供应能力强，则政府与后一个供应商的谈判更容易成功。进一步说，假设政府把供应商按供应能力由弱到强的顺序排列，在政府从供应能力最弱的供应商开始谈判的情况下，那么供应能力最强的供应商的谈判成功率趋近于100%，尽管这一般不是最节省时间的做法。为了让谈判的总时间最短，政府应该与供应能力强的供应商尽快谈判，并保证尽可能高的谈判成功率。因此，本书提出一个折中的选择供应商的方法，该方法分为若干个轮次，在每个轮次包含以下步骤：第一步，将所有可选择的供应商按照供应能力由强到弱的顺序排列；第二步，从供应能力最强的供应商开始，选择若干个供应商，使得它们的供应能力总和不低于物资需求量；第三步，在已经选出的供应商中，按照供应能力由弱到强的顺序依次与其谈判；第四步，如果这一轮选择的供应商中有谈判失败的情况，则可选择的供应商中去掉本轮中所选择的供应商，重新返回第一步，进入下一轮。直到物资需求量得到满足为止。

例如，政府将供应商按照供应能力由强到弱的顺序排列，一次编号“1”、“2”%……然后政府从第1个供应商开始选择，到第 a 个供应商为止，它们的供给能力总和刚好不小于物资总需求量 m。接着政府从第 a 个供应商开始依次向前谈判，到第1个供应商为止。其中有些供应商的谈判失败了，从而导致应急物资的供给出现缺口，政府因此从第 $a+1$ 个供应商再开始选择，直到第 b 个供应商为止，该缺口被弥补。此时政

府从第 b 个供应商开始依次谈判，到第 $a+1$ 个供应商为止，如果谈判再出现失败的情况，则必须再选择后面的供应商进行谈判，直到应急物资需求全部被满足为止。综上所述，供应商的选择与谈判顺序如图 3-3 所示。

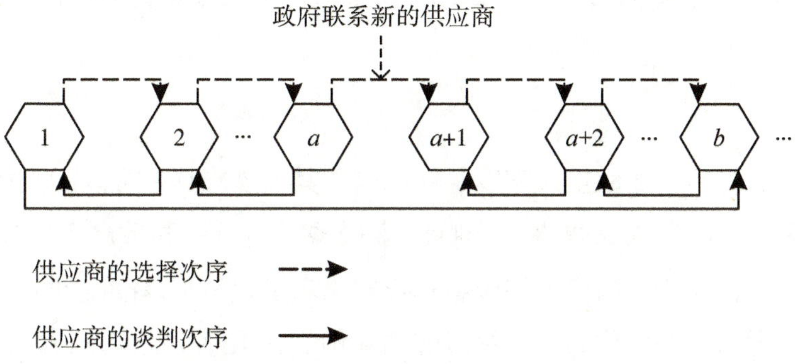

图 3-3　供应商的选择与谈判顺序原理

3.3 重大突发事件应急物资供需数量的预测模型

虽然对于大多数重大突发事件而言，其发展态势是难以预测和控制的，因为其成因极其复杂，影响因素极多，还可能导致严重的次生灾害。因此，在这种情景下的应急物资的需求量也是难以准确预估的。然而，对于事件发生后的应急物资的需求预估，虽然可能偏差较大，但仍然有其必要性。原因是政府决策者应该大致清楚基于当前的事态情景，未来的应急物资需求的走势是怎样的。当然，一旦当前的事态发生转变，则原有的预测结果也会随之改变，这是数学模型难以解决的问题。下面，就来研究基于一个固定事态下的，应急物资需求的粗略预测模型。

在对应急物资进行补充征购的过程中，主要的节点有三个：第一是应急物资的需求量；第二是应急物资的供给量；第三是应急物资的运输量。在突发事件发生后，灾民和救援组织都会向政府应急管理部门提出应急物资的需求，救援组织提供的信息是可信的，而灾民提供的信息则需要进行甄别，一般只有部分可信。应急管理部门针对这些信息，综合计算出此时的应急物资总需求。然后，应急管理部门联系供应商补充征购这些物资。这些物资的供给效率不仅跟供应商的数量有关，而且跟供应商的利润率和社会责任感有关。物资的紧急补充量和预先准备量共同构成总供给量。在应急管理部门得到应急物资需求信息的时候，应急物资的运输就开始进行了，运输速度受到交通工具的数量和交通情况的影响。在应急物资被运到目的地时，可以投入使用。显然，随着应急物资的逐步到位，灾民的生命安全也逐步得到保障。从而，救援组织向应急管理部门报告的应急物资的需求量就会减少。救援人数会影响应急物资的使用率，例如帐篷、医疗器械、药品之类的物资，往往需要救援人员的协助才能发挥作用。而应急物资的使用率也影响救援组织向应急管理部门报告的应急物资的需求量。另外，如果应急物资分配不合理，也会影响救灾工作的进行，更会影响灾民的情绪，从而使灾民对应急物资的请求更加迫切。

基于上述原理，本书用系统动力学方法，对突发事件应急物资的补充征购过程建模。模型的流位变量共有三个，分别是总需求量，总供给量，总运输量。显然这三个量的变化趋势是，需求量转化为供给量，供给量转化为运输量。辅助变量包括：信息可靠度，灾民需求量，救援人员需求量，应急物资使用效率，应急物资分配的合理性，灾民数量，救援人员数量，预先存储量，供应商数量，供应商社会责任感，供应商利润，运输车辆数量，交通情况，运输速度等。

在整个应急物资的运输供给过程中，总需求量和总供给量先后变为零，而总运输量则最后恒定在某一个值上，表示运输量不再变化，即物资运输结束。基于此，用 Vensim 软件建立该模型的系统动力学流程图，如图 3-4 所示。

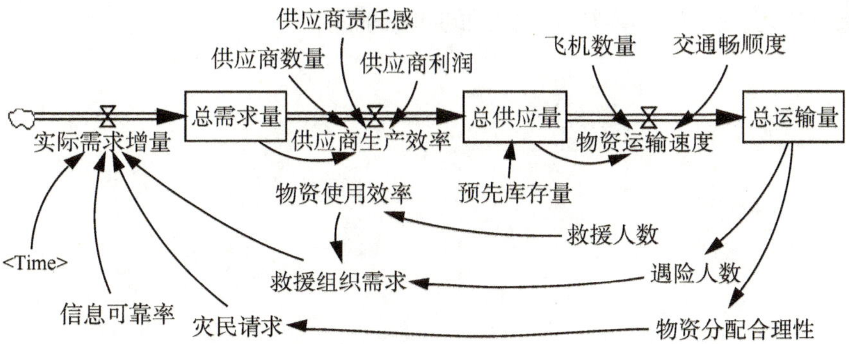

图 3-4 突发事件应急物资的补充模型流程图

该模型中的主要方程如下：

总需求量= INTEG（IF THEN ELSE（总需求量≥0，实际需求增量-供应商生产效率，0），0）

总供应量= INTEG（IF THEN ELSE（总供应量>0，供应商生产效率-物资运输速度，0），预先库存量）

总运输量= INTEG（物资运输速度，0）

物资运输速度=IF THEN ELSE（总供应量>0，飞机数量 * 交通畅顺度，0）

供应商生产效率=IF THEN ELSE（总需求量>0，供应商数量 * 供应商责任感 * 供应商利润，0）

实际需求增量=IF THEN ELSE（Time< T_1，T_2+T_3 *（救援组织需求+信息可靠率 * 灾民请求），0）

其中，T_1，T_2，T_3为参数，根据不同的重大突发事件和不同的应急物资种类而不同。

在重大突发事件的实际救援过程中，决策者可以搜集相关的数据，然后运用该系统动力学模型来粗略预测出应急物资的总需求量、总供应量和总运输量等。虽然该模型的便利性和快捷性都很高，但是正如前面所分析的，它无法针对重大突发事件频繁改变的情景做出相应的修正，而只能靠决策者手动调整数据。正是由于这个局限性，该系统的预测结果只能为决策者提供实时、短期的决策辅助。

本 章 小 结

本章首先提出重大突发事件应急物资补充征购的过程。然后给出应急物资补充征购的工作准则，包括快速、宽裕、合理征用、成本次要和多渠道。接着，阐述应急物资补充征购谈判的特征。随后建立了政府与单一供应商谈判的进化博弈模型。通过对该模型的分析，得出了如下结论：对于政府而言，为了得到高质量的应急物资，最有效的办法是向供应商提供尽可能大的订单，其次才是提高收购价格；对于供应商而言，为了以更高的价格出售应急物资，应该向政府说明应急物资的低质量别很大，即对救援效果的影响很大，并且不事先向政府说明一定会提供高质量的应急物资。接着，本章利用系统动力学方法建立了政府与单一供应商谈判的仿真系统，以模拟政府和供应商的决策演化过程。接着，本章建立了政府与多个供应商谈判的模型，并得到政府在与供应商谈判过程中应该遵循的“WRAD”原则，即限制低价、拉开差价和“从大到小选择，从小到大谈判”。最后，本章提出了重大突发事件应急物资供需数量的预测模型，该模型可以根据当前应急物资的相关信息，粗略预测以后的应急物资需求量变化趋势。

第4章

重大突发事件应急物资的运输调度

4.1 重大突发事件应急物资运输调度的任务和特征

4.1.1 重大突发事件应急物资调度的任务

在政府获得应急物资后，就要将应急物资以最快的速度合理的从各个物资集散地送到受灾地。那么，在开始运输之前，政府应急管理部门（下面简称"应急部门"）必须对各类信息进行综合分析，这些信息包括但不限于：所有应急物资的类别、数量、应急物资物资到达集散地的时间，所有车辆的装载能力、车辆到达集散地的时间，以及各个受灾地的地理位置、周边的路况、及其对应急物资的需求情况等。通过分析，应急部门得出应急物资的总体调度方案，该调度方案主要须考虑到以下三个方面：

第一，各个运输车辆装载的应急物资类型和数量。因为各个受灾地的受灾状况和灾民伤亡情况不同，所以他们对应急物资的种类和数量的需求也不相同。例如，若地震后某个受灾地正好位于当地医院的附近，则该地对医疗器械、医疗药品等应急物资的需求就会较小；若某个受灾地周围发生了山体滑坡，严重阻塞了救援道路，则必须增派道路疏通器械前往该地。另外，各类应急物资之间还有先后使用的必然关系，例如医疗器械（如手术台、注射器等）必须先于药品到达，否则药品将无法使用。而每个救援车辆的最大载重量和载货容积是有限的。那么如何做到既最大限度地发挥车辆装载能力，又对所装载的各类型物资进行科学的配比，是应急部门制订应急物资调度方案时必须考虑的问题。

第二，各个运输车辆的运输目的地分配。在突发事件发生后，部分车辆在应急部门下达具体救援命令前，就已经在物资集散地待命，这些车辆在接到命令后就即刻起运。而其他运输车辆需要先从外地赶往物资集散地，装载物资后再从集散地出发，这就需要一定的时间。为了让所有的受灾地都尽可能在规定的时间内获得应急物资，必须对各个运输车辆的目的地进行分配，例如若某运输车辆在赶往物资集散地的过程中花费了相当长的时间，则其在运送应急物资的过程上所分配的时间就要相应的缩短。

第三，各个运输车辆的行进路线和供给顺序。在一个运输车辆需要供应多个受灾地的时候，则其供应的顺序也非常重要，即必须要做到总体花费时间最少。这种情况通常发生在受灾地的应急物资需求量小于某运输车辆的载货量，或者运输车辆必须多次往返于受灾地和物资集散地之间以保证应急物资的持续足量供给的情况下。另外，各运输车辆的行进路线也是应急物资调度方案的内容之一，因为道路的路况在实时变化，平时最快的行进路线在重大突发事件的情景下很可能不是最优的路线。

综上所述，在重大突发事件的情景下，由于受灾地的应急物资需求是必须无条件全部满足的，可调度的运输车辆数量是有限的。所以在应急物资都已准备就绪的情况下，应急部门能够做的就是利用现有的运输条件，安排车辆的物资装载类型和数量、分配运输目的地和运输路线，以期将全部的应急物资在最短的时间内合理运抵所有的受灾地。

4.1.2　重大突发事件应急物资调度的特征

在重大突发事件发生后，应急部门会在第一时间从相关监测部门和灾区群众的求援中获得关于灾情的信息，并请专家结合以往经验初步判断受灾地对应急物资的需求情况，然后通过各种方式筹集应急物资，同时联系运输车辆立即到物资集散地待命以随时前往灾区。应急部门根据各运输车辆的装载能力、车辆赶往集散地的预期运输时间，以及集散地与各受灾地之间的预期运输时间等信息，计算最优运输策略，再下达给车辆驾驶员执行。由于重大突发事件的特殊性，其应急物资的调度与普通情景下的物资调度有明显的不同，主要包含以下几点：

第一，相关信息持续更新。这里的信息主要包括两类：其一是应急物资的需求信息，其二是运输路况信息。具体说来，随着灾情调查的深入，应急部门逐渐会获得灾区的实际情况和较准确的应急物资需求信息。另外，次生灾害的发生会直接导致应急物资的需求量陡增，甚至会新增多种应急物资类别的需求。所以，应急物资需求信息是在持续更新与修正的。同时，各个运输车辆也会实时汇报其所在地点以及周边路况信息。由于应急部门在制定运输策略时所基于的信息不是实时的，而实时的路况信息会反映给他们交通拥堵的状况和道路受损状况等，所以这些信息对于他们制定后续的运输策略有极大的帮助。在应急部门得到这些最新的信息后，一般都需要对原先的最优运输策略进行调整，并通知车辆驾驶员。而车辆驾驶员在接到最新的运输策略后，则立即从当前时间和地点开始执行新的运输方案。

第二，运输车辆接连加入。在前面的分析中，已经提到运输车辆不是在事件发生时就已经在物资集散地待命，而是接到命令后陆续前往集散地的。因此，这就形成了运输车辆接连加入整个调度过程的情况。并且，运输车辆的总数也无法完全确定，因为有可能存在私人所有的车辆义务参与应急物资运输等的情况。那么，应急部门在制定最优运输策略时，必须考虑到这个情况。将每一辆车的到达时间和运输时间都列入到整体策略中。

第三，应急物资不断到达。上一章提到，在突发事件特别重大，日常准备的应急物资不够用时，政府会补充相应的应急物资。而补充的方式有向供应商补充征购、请求社会捐赠等方式。那么，这些没有存储在政府仓库中的物资一般是不能立即被使用的，它们必须经历一段准备期之后才会陆续抵达物资集散地。那么在这种情况下，应急部门必须大致估计这些物资抵达集散地的时间，并将此也作为制定最优运输策略的限制条件。

在这整个应急物资的运输过程中，受灾地的工作人员和救援人员、应急部门、运输车辆驾驶员之间应该始终保持信息的联通，另外每辆车应该装备卫星定位设备。从而使得事件信息和路况信息能在第一时间传达到应急部门，而应急部门也能在第一时间掌握每辆车的所在方位和实时路况。面向需求和车辆数量变更的应急物资运输的整体流程如图 4-1 所示。

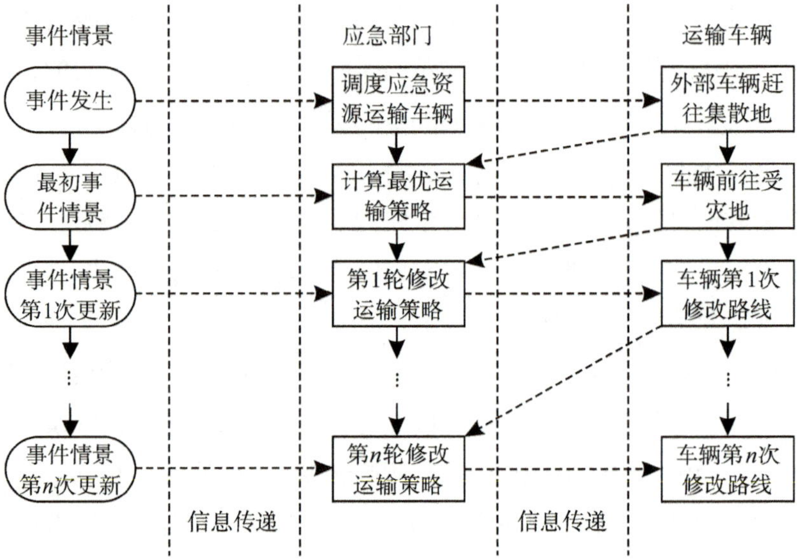

图 4-1　应急物资运输流程

4.1.3　重大突发事件应急物资调度的工作法则

在应急物资准备就绪之后，政府就要开始着手将物资运输到受灾地。而在运输工作开始之前，政府要对它进行总体规划。本书称其为重大突发事件应急物资的调度工作。应急物资调度的工作包含五个法则：敏捷、联网、物物配套、人物协同和人机协同。

敏捷，即应急物资的调度工作应该确保高效。该工作是由政府工作人员与各领域的专家共同决策完成的。在这个过程中应该尽可能地做到人员之间的协调，并且尽可能利用互联网等现代通讯设备来辅助决策，以减少决策所需的时间。与应急物资补充征购工作类似，应急物资的调度工作对时间的要求仍然很严格。在有多批物资需要运输时，运输车辆会不断往返于受灾地与集散地之间，从而应急物资调度的工作时间应该严格控制，尽量使得运输车辆返回集散地后能够立即出发而不停留以等待指令。

联网，即运输车辆的 GPS 定位系统，应急决策中心的决策支持系统，以及各个救援人员、应急管理人员的即时通讯系统应该通过物联网连成一个整体，从而实现信息的即时共享和传输。首先，运输车辆的 GPS 定位系统一方面能够帮助驾驶员正确的按照预定运输计划形式，另一方面也能及时向应急决策中心传回车辆所经过道路的实时路况信息。其次，救援人员需要向应急决策中心反馈最新的应急物资需求信息，运输车辆驾驶员需要反馈最新的路况信息，而应急管理人员需要及时通知和指挥各类人员的工作，这些必须通过便携式即时通讯系统来完成。最后，应急决策中心的决策支持系统是整个物联网的核心，所有的终端传回的信息都在该系统上显示、处理。同时，各类决策人员也通过该系统进行应急决策工作。

物物配套，即车辆运输的时候应该考虑到不同类型的应急物资搭配运输。由于各类应急物资的功能不一样，在实际使用的过程中，有时必须相互搭配使用，所以在物资装车之前，就应该考虑到这个问题。例如移动手术台、手术器械、手术照明设备、急救药品、医用血液等都必须按照一定的比例同时运输，否则如果分成先后几批运输到灾区，那么先运抵灾区的部分将无任何作用，实际可使用的时间应该以最后一部分抵达灾区的时刻开始。

人物协同，即很多应急物资是需要人的操作才能发挥作用的，那么在实际运输的时候，应该让这些物资及相应的操作人员同时抵达灾区才能高效地开展救援工作。此类物资有很多，例如救生器械与武警、消防官兵，医疗器械与医务人员等。这样一来，在实际的应急物资调度决策的过程中，可以将应急物资的操作人员也看作一种“物资”，这类“物资”与实际的物资必须同时配套运输至受灾地。

人机协同，即重大突发事件应急物资的调度工作必须由专家和计算机协同进行决策。因为一般的应急物资调度工作需要非常复杂的计算，特别是在计算应急物资的运输路径的时候，人工运算几乎是一件不可能完成的任务。所以，此时借助计算机的智能算法，就能在较短的时间内得到令人满意的结果。而专家只需要凭借相关信息和经验判断每一条运输路线的路况，以及估计车辆通过该路线的耗时量即可，剩下的工作全部交由计算机完成。

综上所述，应急物资调度的工作可以分为三个层面，如图 4-2 所示。首先是法律层面，即必须使应急物资调度的工作在最短的时间内完成，这既是法律上的要求也是道义上的责任。然后是技术层面，决策者可以利用物联网系统和人工智能计算等技术的协助在最短的时间内做出最有效的决策。最后是方法层面，即应急物资的运输必须注重不同类型的物资之间，以及人与物资之间的协同运输。

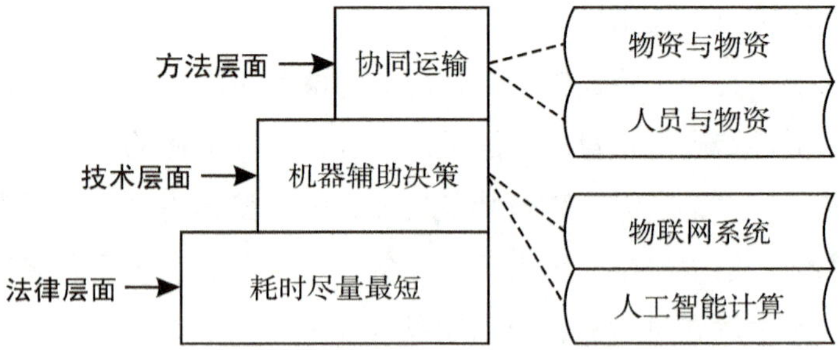

图 4-2 应急物资调度的工作原理

4.2 重大突发事件应急物资运输调度的模型

4.2.1 面向需求和车辆数量变更的应急物资运输问题

要完成应急物资运输任务，最核心的环节就是每次的最优运输策略制定，但这是一个十分复杂的工作。在重大突发事件的情景下，决策时间受到了严重的限制，所以应急部门只有在计算机的协助下才能实现在短时间内制定策略的目标。因此，下面本节提出一个既能实现上述功能又能有效控制运算时间的算法来完成最优运输策略的制定以辅助决策。

为了使该算法在不影响实际实用价值的前提下尽可能简化，现在对其做如下假设：首先，运输车辆装货卸货的时间是固定的而不受外界环境的影响，并且将装货卸货的时间统一计入运输时间中。则在下面的算法中，所有的运输车辆所消耗的时间均为运输时间。其次，应急物资的搭配运输问题不在算法中涉及，而是将不同的应急物资按照需求搭配折算为一整套物资。例如，在一次重大突发事件中，一批应急物资中必须包括一个套手术台设备，100 套手术器具(如止血钳之类)，100 袋各类型医用血液。在实际运输中，必须整套一起运输。那么就可将其折算成一套应急物资，即在算法中只出现一种广义的应急物资。再次，为了确保运输车辆的车况良好，同时避免车辆驾驶员疲劳驾驶，每辆车尽可能均匀使用。最后，以运输车辆按照日常速度行驶所需的时间计算通过某一路段的时间，并告知驾驶员在没有出现严重车辆拥堵或者山体滑坡损坏道路等特殊情况时，必须在此时间内通过该路段。

基于上述假设，本节提出在应急物资需求和运输车辆数量持续变更情况下的应急物资运输问题。设共有 m 个运输车辆参与应急物资的投送，n 个提出应急物资需求的受灾地，集散地与受灾地 i 之间的预期运输时间为 t_{0i}，受灾地 i 与受灾地 j 之间的预期运输时间为 t_{ij}，受灾地 i 对某种应急物资需求的数量为 r_i，车辆 k 的载货量为 l_k。在应急部门下达救灾命令时，有 u 辆车已在物资集散地待命，另有 $n\text{-}u$ 辆车从外地正赶往物资集散地，其中第 k 辆车赶往物资集散地所需的时间为 t_{bk}。在运输过程中，应急部门收到最新的信息显示：受灾地 i 对应急物资需求的数量改为 r_i'。此时，车辆 k 到各受灾地的运输时间改为 $t_{oi}{}^{k}$。以上 $i=1，2，3，\cdots$；$j=1，2，3，\cdots$。同时，应急物资运输策略的安排还具有以下特征：

(1)一个受灾地的应急物资可由一辆车或多辆车，一次或分多次供给；

(2)一辆车一次可供给一个受灾地，亦可供给多个受灾地，但供给总量不超过其载重量；

(3)应急物资集散地有且仅有一个，所有车辆的物资均由集散地补给，且可反复补给；

(4)各车辆尽可能均匀使用；

(5)应急物资运输总时间最短。

其中，应急物资运输的总时间是从第一辆车离开集散地的时刻算起，到最后一个受灾地的应急物资需求全部得到满足为止。其间，车辆往返集散地与受灾地的时间纳入总时间内，而完成全部物资供给后，车辆返回集散地的时间则不纳入总时间内。该问题的求解目标只有一个，即运输总时间最短，而运输成本因素暂不列入考虑范围。

本节提出的这个问题与以往研究的问题的主要优势在于：首先，受灾地和运输车辆之间是多对多的关系，即一个受灾地可由多个运输车辆共同供给，一个运输车辆也可供给多个受灾地；其次，供应次数不受任何限制，在有可能的情况下尽量一次就完成供应，否则可分多次完成供应；最后，该问题可兼容受灾地对应急物资需求持续变化或运输车辆数量持续变化的情况。

4.2.2 基于动态规划的应急车辆运输路线分配方法

上一节中提出的面向需求和车辆数量变更的应急物资运输问题显然是一个 NP-Hard 问题，直接用智能计算的方法求解是极其繁琐的。事实上，本研究曾尝试直接编程实现蚁群算法对 2013 年雅安地震中应急物资的最优运输路线进行搜索，结果其计算复杂度太高：在一台现代微型计算机上至少需要 4 年时间才能算得最终结论。显然，以这种运算速度即使得到了结果，对于应急决策而言，也没有任何意义。因此，本章将该问题的求解分成两个步骤进行：第一步，在给定受灾地的供给顺序的情况下分配运输车辆；第二步，确定受灾地的供应顺序。基于这个思想，第一步就可用动态规划的方法解决，第二步再用蚁群算法来搜索，从而可大幅度减少群算法的搜索范围。

本节研究在给定受灾地的供给顺序的情况下分配运输车辆的方法。具体说来，先给出 n 个受灾地的供给先后顺序，再将这 n 个受灾地分配给 m 个运输车辆，那么车辆 i 所分配到的 x 个受灾地必须由该车按照预先给定的供应顺序进行供给。本算法的运行流程如下：

首先，将这个问题依据车辆返回集散地补充物资的次数分成若干个轮次，例如车辆装载应急物资首次从集散地出发为第 1 轮，车辆第一次返回集散地补充物资后再次出发为第 2 轮。在同一个轮次中，计算每一辆车供给的具体受灾地，即运输路线。基于此，本问题又被分成若干个阶段，每个阶段只计算一辆车的运输路线。

设车辆 k 从集散地出发的累计运输次数为 d_k。再设在某一时刻，受灾地 b 之前的所有受灾地需求均已经得到满足，车辆 k 计划从受灾地 b 开始，依次供给若干个受灾地，直到受灾地 p 为止。则车辆 k 花费的运输时间为从集散地到受灾地 b 的运输时间，加上其所经过的各个受灾地之间的运输时间，即：

$$t_k = \begin{cases} t_{0,\ b} + \sum_{w=b}^{p-1} t_{w,\ w+1}, & \text{该车供给 2 个以上受灾地} \\ t_{0,\ b}, & \text{该车只供给一个受灾地} \end{cases}$$

此时，车辆 k 所载的剩余物资量为车辆的载货量减去其所供给的各个受灾地需求量，但当后者大于前者时，车辆 k 的剩余物资量就为 0，即：

$$L_{kp} = \begin{cases} l_k - \sum_{w=b}^{p} r_w, & l_k - \sum_{w=b}^{p-1} r_w > r_p \text{ 时} \\ 0, & \text{其他} \end{cases}$$

同时，受灾地 p 的剩余需求为受灾地的需求量减去当前车辆的剩余物资量，但当后者大于前者时，受灾地 p 的剩余物资量就为 0，即：

$$R_{kp} = \begin{cases} R_p - (l_k - \sum_{w=b}^{p-1} r_w), & l_k - \sum_{w=b}^{p-1} r_w < r_p \text{ 时} \\ 0, & \text{其他} \end{cases}$$

另外，将一个阶段中的 m 辆车各自的决策看成是一个有 m 个“根状态”的决策问题，并运用动态规划的思想来解决这个问题。每个根状态都是上一阶段的状态，当前阶段的研究都是基于上一阶段的状态进行的。在受灾地 b 之前的所有受灾地需求均已经得到满足的情况下，关于第 k 辆车的状态变量为：

$$S_k = \{(0,\ 0,\ \cdots,\ 0,\ r_b,\ r_{b+1},\ \cdots,\ r_m),\ (d_1,\ d_2,\ \cdots,\ d_k,\ \cdots,\ d_m)\}$$

假设该车计划下一步从受灾地 b 开始依次供给到受灾地 p，则其决策变量为：

$$u_k = \{b,\ b+1,\ \cdots,\ p\}$$

状态转移规则为从受灾地 b 到受灾地 p-1，应急物资的需求量均为 0，受灾地 p 的应急物资需求量为 R_{kp}，自身的累计运输次数加 1，即：

$$\begin{aligned} S_{k+1} &= T_k(S_k,\ u_k) \\ &= \{(0,0,\cdots 0,R_{kp},r_{p+1},\cdots,r_m),(d_1,d_2,\cdots,d_k+1,\cdots,d_m)\} \end{aligned}$$

因为一轮运输的总时间是该轮中所有车辆的运输时间的最大值，所以该问题的指标函数为：

$$V_{k,n} = \max\{t_k,\ V_{k+1,n}\}$$

在最后一个根状态中，指标函数值为最后一辆车的实际运输时间，即：

$$V_{n,n} = t_n$$

而针对一个根状态的最短运输时间，就是求各个指标函数值的最小值，即最优值函数为：

$$f_k(S_k) = \min(V_{k,n})$$

如果在某一轮次中，有车辆 k 须从外地调到集散地来，则该车辆可参与到本轮的运算中，它到受灾地 i 的运输时间应为它赶到集散地的时间加上从集散地前往各受灾地的时间，即：

$$t_{0i}^{k}=t_{bk}+t_{0i}$$

如果当前轮次结束时，仍有受灾地的需求未满足，则须进行下一轮运输。当车辆 k 在受灾地 p 时，可认为下一轮中车辆 k 到受灾地 i 的运输时间为车辆先从受灾点 p 返回集散地的时间加上从集散地到受灾地 i 的运输时间，即：

$$t_{0i}^{k}=t_{0p}+t_{0i}$$

如果在执行当前策略的过程中，救援信息突然改变，那么 m 辆车所在的不同地点就可以看成是 m 个虚拟集散地，每个集散地有且仅有一辆车参加运输，并且车辆离开该虚拟集散地之后，不再返回这里补给物资，而是驶往实际集散地补给。基于此，本书给出应急车辆运输路线分配算法流程，如图 4-3 所示。

4.2.3 基于蚁群算法的受灾地供应顺序的自学习方法

因为上节所介绍的应急车辆运输路线的分配方法是以确定的受灾地供应顺序为前提的，所以在使用该方法之前，应该给出受灾地的供应顺序。为了给出尽可能好的顺序，本节将基于蚁群算法设计一个受灾地供应顺序的自学习方法。蚁群算法是一种模拟蚂蚁的群体行为的仿生智能算法，它具有很强的鲁棒性和分布式计算功能，它能够很好地跟其他的算法结合。

蚁群算法最早由意大利学者 Dorigo 和 Maniezzo 在 1996 年提出（Dorigo and Maniezzo，1996），因为它具有正反馈、分布式计算等特点，所以在求解此类问题的时候，比其他的算法更具优势（丁秋雷等，

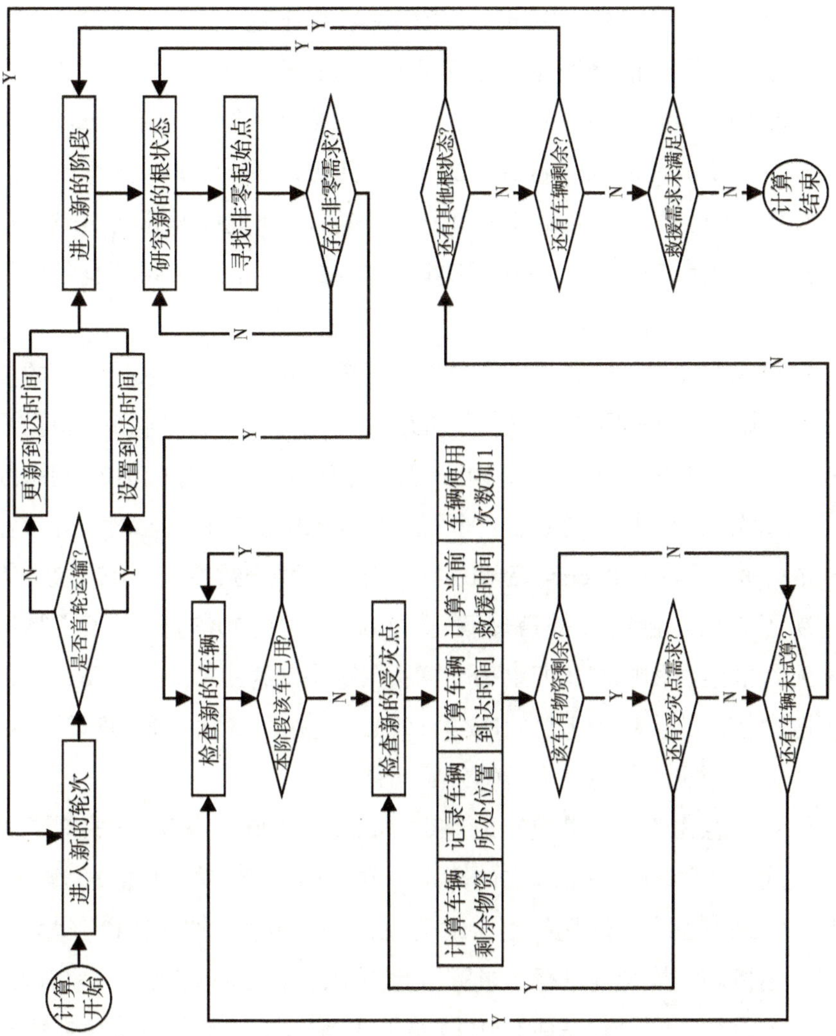

图4-3 应急车辆运输路线分配算法流程

2007)。Bullnheimer 等(1999)首先将蚁群算法的思想应用于车辆路径问题中，但没有从根本上解决搜索速度过慢的问题；Bell 等(2004)提出了一种改进蚁群算法，虽然在一定程度上解决了搜索速度问题，但难以求解数据量较大的问题；Reimann 等(2004)提出基于节约法的蚁群算法则恰恰相反，虽然能够处理大规模问题，但是搜索速度缓慢。后来，很多关于车辆路径问题的研究都以蚁群算法为基础，旨在解决该算法的早熟问题(Gambardella and Dorigo，2000)。例如 Stutzle(2000)提出了最大最小蚁群系统；Gambardella 等(2000)提出了混合型蚁群算法 HAS。这些算法各有优点与不足，并在解决蚁群算法的过早停滞问题有各自的研究。

在重大突发事件情景下，应急物资运输路径问题与一般情况下的物资运输问题有很大的不同。其特殊性就表现在应急物资需求和车辆数量的不确定性。在突发事件应急物资的运输方面，Yan 等(2012)利用蚁群系统和阈值接受技术建立了一个混合算法来解决道路抢修对实际运输造成的障碍问题；Kallioras 等(2014)提出了一种一致搜索(IHS)蚁群算法解决了灾后基础设施的管理问题。Korosec 等(2013)比较了贪婪搜索，无参数搜索和蚁群共识主动性算法在解决有约束的应急物资运输调度问题中各自的优势和劣势。Hu 等(2012)将蚁群算法与微粒群算法结合，研究了地震后紧急避难所的分配问题。

针对应急物资需求量更新的问题，Dan 等(2013)将动态的需求过程分割成在时间轴上多个静态的需求，并提出了相应的改进蚁群算法，但其分割的方法难以适用于复杂的动态需求；詹沙磊等(2013)建立了多目标随机规划模型并进行了求解，此模型计算效率较高，但是其假设条件较为苛刻。而马建华等(2011)提出了多车场、多车型最快完成运输的方法，把动态规划和最大流算法引入到模型中，提高了蚁群算法的运行效率和准确度。但是，该方法的实际应用仍受限于很多假设，例如每个受灾点只能由一辆车供给，不考虑车辆返回集散地补给物资重新出发的情况等。

综上所述，虽然目前关于重大突发事件中应急物资的运输调度问题的研究较多，但由于该问题本身非常复杂，所以目前的研究尚没有完全解决这个问题。特别是在算法的适应性和复杂度上面顾此失彼：要么算法理论上可以照顾到很多方面，适应于大多数突发事件，但计算时间过长，无法满足紧急决策的需求；要么算法的计算时间得到了控制，但其前提假设太多，无法适应大多数情况。为了克服这个问题，本章就将把蚁群算法与应急车辆运输路线的分配方法结合，形成一套完整的应急物资运输策略的优化算法。

设蚂蚁数量为 m，受灾地数量为 n。将蚂蚁从 i 地出发后，紧接着供应 j 受灾地的决策成为决策对$(i,\ j)$。T_{ij}为从 i 地到 j 地的最短运输时间。$\eta_{ij}(t)$为启发函数，两地之间的最短运输时间越短，启发函数值越大，故有：

$$\eta_{ij}(t)=\frac{1}{T_{ij}}$$

$\tau_{ij}(t)$表示 t 时刻，决策对$(i,\ j)$上的信息量。$\Delta\tau_{ij}(t)$为一次迭代中，决策对$(i,\ j)$的信息增量。$\Delta\tau_{ij}^{k}(t)$表示第 k 只蚂蚁选择决策对$(i,\ j)$后，对此决策对的信息量贡献度。则 t 时刻，决策对$(i,\ j)$的信息量增量为：

$$\Delta\tau_{ij}(t) = \sum_{k=1}^{m}\Delta\tau_{ij}^{k}(t)$$

设 Q 为信息强度，L_k表示第 k 只蚂蚁在本次迭代中所花费的总运输时间。则根据 Ant-Cycle 模型，有：

$$\Delta\tau_{ij}^{k}(t)=\begin{cases}\dfrac{Q}{L_k}, & \text{第 } k \text{ 只蚂蚁选择决策对}(i,\ j)\text{时}\\ 0, & \text{其他}\end{cases}$$

为了避免信息量过大，引入信息遗忘因子$\rho\subset[0,1)$。则在t+1 时刻，决策对(i,j)的信息量为：

$$\tau_{ij}(t+1)=(1-\rho)\cdot\tau_{ij}(t)+\Delta\tau_{ij}(t)$$

再设 allowed$_k$为一次迭代中，蚂蚁k在下一步能够选择的受灾地。则在t时刻，蚂蚁k选择决策对(i,j)的概率为：

$$p_{ij}^k=\begin{cases}\dfrac{[\tau_{ij}^k(t)]^\alpha\cdot[\eta_{ij}(t)]^\beta}{\sum_{r\subset \text{allowed}_k}[\tau_{ir}^k(t)]^\alpha\cdot[\eta_{ir}(t)]^\beta}, & j\in \text{allowed}_k\text{ 时}\\ 0, & \text{其他}\end{cases}$$

其中，α为信息重要程度因子，β为启发重要程度因子。

基于上述原理，可以给出受灾地供应顺序算法流程，如图 4-4 所示。

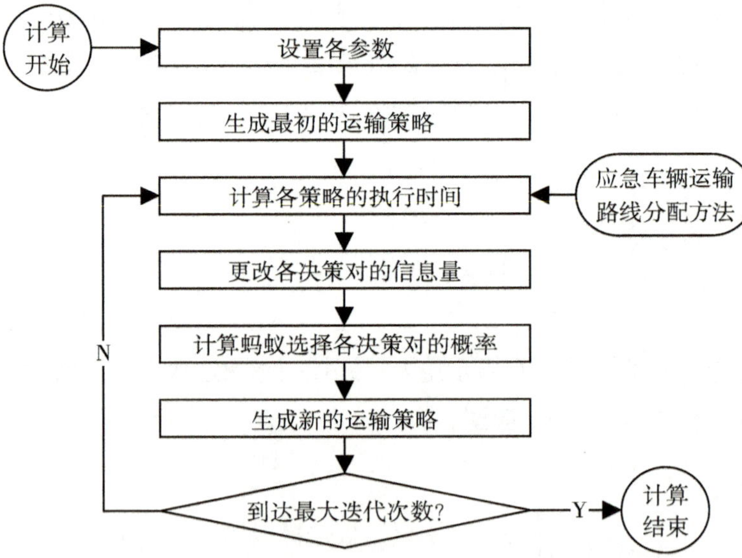

图 4-4　受灾地供应顺序算法流程

为了验证上述应急车辆运输路线分配方法和受灾地供应顺序的学习方法的实用性，本章基于 Matlab 8.2 平台编程实现了这两个算法，并在计算机(CPU：Intel Core i5-3320M，RAM：4GB)上试运行了该程序。从理论上来说，上述算法的迭代次数越多，得到的应急车辆运输路线就应该越接近于最优路线。但在实际的重大突发事件的应急决策中，无法花费太多时间在计算机运算上。但根据反复试验，上述算法迭代 50 至 100 次所得到的应急车辆运输路线在大多数情况下很接近最优路线。并且，在受灾地和运输车辆数量各不超过 20 的情况下，一次迭代耗时量在 10 秒以内。在这个情况下，计算机的总运行时间约为 10 分钟，能够满足突发事件情景下的紧急决策对该算法的运算时间的要求。综上所述，本章提出的算法在功能上基本满足了实际问题的需求，在运算速度上也优化得比较好。所以，该算法有实际应用的价值。

4.3　面向更宽松假设的模型处理方法

4.3.1　物资按最低限度搭配的情况

前面介绍的应急物资运输问题仍然包含了不少假设，这些假设简化了该问题的求解难度，节约了宝贵的求解时间，却牺牲了运算准确度。但是，在有相对充裕的运算时间时，应急物资的运输过程所包含的更多更复杂的因素即可列入考虑。

在很多情况下，不同种类的应急物资需要按照一定的比例搭配运输才能最大限度地发挥各自的作用。前面将多种应急物资的组合看作一种物资，从而将该问题简化成了只有一种应急物资的运输问题。而在各种应急物资的需求必须大于某个数量值时，例如一个手术台对应至少 100 只手术刀且多多益善，或者某些受灾地对每种应急物资的需求量有特别需求的时候，这种简化问题的方法就不再适用。前面将运输车辆的载货量看作运输物资的总量实际上是基于应急物资的重量是连续变量的假设，且忽略了应急物资的体积。但是，每个应急物资个体都有其自身的体积和重量，即这些数值是离散的。所以，为了使原问题更符合实际，本节将基于应急物资的最优搭配运输问题对原模型进行补充。

设某运输车的装载容积为 V，最大载重量为 W，共有 m 种应急物资等待运输，其中每种应急物资个体的体积分别是 V_1，V_2，…，V_m，重量分别是 W_1，W_2，…，W_m，每种应急物资在该运输车上的装载数量分

别是 n_1，n_2，…，n_m。那么，可以得到下面的线性规划模型：

$$\max Z = n_1 + n_2 + \cdots + n_m$$

$$\text{s.t.}\begin{cases} n_1 V_1 + n_2 V_2 + \cdots + n_m V_m \leqslant V \\ n_1 W_1 + n_2 W_2 + \cdots + n_m W_m \leqslant W \\ \dfrac{n_2}{n_1} \geqslant k_2 \\ \dfrac{n_3}{n_1} \geqslant k_3 \\ \cdots \\ \dfrac{n_m}{n_1} \geqslant k_m \\ V_1, V_2, \cdots, V_m, W_1, W_2, \cdots, W_m, n_1, n_2, \cdots, n_m, k_2, k_3, \cdots, k_m > 0 \end{cases}$$

该模型的运算结果就是每种应急物资的最优装载数量。将其代入到原模型中，即可计算出该车的最优运输路线。

4.3.2 车辆协同运输物资的情况

在重大突发事件发生之后，运输车辆会依次到达或者返回集散地。同时，各类应急物资也会被陆续送到集散地。如果这些应急物资需要搭配运输，且它们之间的配比相对固定，那么如果按照这个固定的配比装货能够充分利用当前运输车辆的装载容积和最大载重量，并且这些物资在车辆到达时已经全部就绪，则可按照原模型来制订装载计划。否则，运输车辆要么装载容积有剩余但载重量达到上限，要么载重量有剩余但装载容积已经用满，要么有部分物资还在运往集散地的路上。在这种情况下，如果考虑让多个运输车辆协同运输，则有可能实现更高的运输效率。

如果允许一辆车中的应急物资不按照特定比例装载，而是只规定受灾地收到的应急物资的最终数量和种类的配比，那么就应该合理分配每辆车装载的应急物资种类和数量。设共有 m 种应急物资，n 辆运输车；第 i 辆运输车的容积为 V_i，最大载重量为 W_i；第 j 种应急物资的体积为 v_j，重量为 w_j；在第 i 辆运输车上装载第 j 种物资的数量为 x_{ij}；每种物资按比例已经运抵集散地，第 j 种物资的总量为 X_j，其中

$$x_{ij}=1，2，\cdots；X_j=1，2，\cdots；i=1，2，\cdots，n；j=1，2，\cdots，m.$$

所以，每辆运输车装载物资的体积不超过其容积，即：

$$\begin{cases} \sum_j x_{1j}v_j \leqslant V_1 \\ \sum_j x_{2j}v_j \leqslant V_2 \\ \cdots \\ \sum_j x_{nj}v_j \leqslant V_n \end{cases}$$

每辆运输车装载物资的重量不超过其最大载重量，即：

$$\begin{cases} \sum_j x_{1j}w_j \leqslant W_1 \\ \sum_j x_{2j}w_j \leqslant W_2 \\ \cdots \\ \sum_j x_{nj}w_j \leqslant W_n \end{cases};$$

每种物资在每辆运输车上的装载数量总和等于其总量，即：

$$\begin{cases}\sum_i x_{i1} = X_1 \\ \sum_i x_{i2} = X_2 \\ \cdots\end{cases}$$

联立上面的不等式组，可求得每类应急物资在每辆运输车上的装载数量。

4.3.3 运输时间不确定的情况

在实际的应急物资运输过程中，由于车况和驾驶员的驾驶习惯各异，所以不同运输车辆的行进速度不尽相同。并且如果车辆体积庞大，则可能导致其道路通过能力不佳，特别是遇到狭窄或者受损的道路时，往往体积较小的运输车辆更占优势。这些都会导致每一辆车通过每一条线路的所需时间不相同。所以，在具体计算的时候，如果每一个运输车辆都有其独特的各条运输路线的耗时信息，则会大大提高运算的精度。

但是，要实现这个要求须做到以下几点：首先，在日常情况下，政府应急管理部门就应该将每辆车及其驾驶员的情况登记在册，且做到信息定期及时更新；其次，预设的应急物资集散地通往各个可能受灾地的每条道路的路况需要全面了解，并且预估每条道路可以通过的运输车辆类型及其预期通过速度；再次，为每个运输车辆提前制定好最优的运输路线并得出每条路线的预期耗时，根据前面的分析可知，即使对于相同的出发地和目的地，每辆车的最优行进路线也可能不同；最后，当事件发生之后，政府应急管理部门应该立即了解每条道路的实时路况和受损情况，如果情况与预案不符，则应立即组织专家对预案进行相应的修改，即制定出最新的车辆行进路线和预期运输耗时。

每辆车在执行运输任务的过程中，由于受到很多复杂的外界因素影响，所以在每条线路上的运输耗时是一个不确定的值。假设在应急物资运输过程中，车辆 v 在线路 r 上的预期运输耗时 T_{vr}服从均值为 μ，标准差为 σ 的正态分布，则其概率密度函数为：

$$f(T_{vr})=\frac{1}{\sqrt{2\pi}\sigma}e^{-\frac{(T_{vr}-\mu)^2}{2\sigma^2}}, \quad T_{vr}>0$$

从而，T_{vr}的分布函数为：

$$F(t_{vr})=\frac{1}{\sqrt{2\pi}\sigma}\int_0^{t_{vr}}e^{-\frac{(x-\mu)^2}{2\sigma^2}}\mathrm{d}x$$

故，显然有实际运输时间 t 不超过 t_{vr}的概率：

$$P\{t\leqslant t_{vr}\}=F(t_{vr})$$

如果令这个概率值等于 p，则可计算出相应的 t_{vr}，再将其代入到原模型中，即可计算出该车的最优运输路线。

4.3.4 多个物资集散地的情况

在有多个物资集散地时，每个物资集散地应该分别负责若干个受灾地的应急物资运输。而在日常选择应急物资集散地的时候，就应该考虑为潜在的受灾地设置相应的应急物资集散地。集散地的设置应该在成本和潜在受灾地的预期物资运输时间之间取一个恰当的平衡。在事件发生后，实际的受灾地可能跟预期的受灾地不一致，那么就应该对各个应急物资集散地的负责区域进行重新划分。另外，每个物资集散地的运输车辆也须重新划分。此时就应该以所有受灾地的应急物资运输总时间最短为唯一目标。在划分完毕之后，每一个物资集散地及其对应的受灾地就是一个独立的运行单元，可以利用前面所提出的方法对它们中的运输车辆的最优路线进行分别计算。

如果受灾地处于山区或者交通不发达的地区，接近受灾地的道路往往比较狭窄或者受损严重。在这种情况下，大型的运输车辆很难直接通过这些道路，而必须换小型车辆来继续运输应急物资。所以，可以设置多个二级集散地来承接从一级集散地运送来的应急物资。二级集散地的功能跟一级集散地一样，也有相应的运输车辆和目的地。二级集散地以下同样可根据实际需要设置三级集散地、四级集散地等。

二级以下集散地所属的运输车辆的最优运输路线的运算，也可同样应用前面所提出的方法。对于一级集散地来说，各个二级集散地实际上就可看成原模型中的受灾地。同理，如果有三级集散地，那么其可看作是二级集散地的受灾地，以此类推。对于二级集散地来说，从一级集散地陆续送来的应急物资完全可按照一级集散地中的运输车辆依次抵达的处理方式来处理。因为假设存在一批物资尚须 t 分钟才能运抵该二级集散地，则将要运输这批物资的车辆需要等待 t 分钟才能出发，即可看成其尚须 t 分钟才能从外地运抵该二级集散地。

在选择具体等待车辆时，尽量减少等待车辆中已经装载的应急物资，使迟到的应急物资尽可能不影响其他应急物资的运输。更进一步地，每一级的集散地运输过程最好相互配合。有时前一级按照其最优运输路线执行，并不利于后一级运输时间的缩短，故也不是全局最优策略。

在这个过程中，也可对二级以下的集散地都分配责任区，规定其运输目的地，然后对每个集散地分别计算其车辆的最优行进路线。从而形成整套的应急物资运输策略。

本章小结

本章首先阐述了重大突发事件应急物资调度的三个主要任务：第一，各个运输车辆装载的应急物资类型和数量；第二，各个运输车辆的运输目的地分配；第三，各个运输车辆的行进路线和供给顺序。分析了重大突发事件应急物资调度的特征，包括相关信息持续更新、运输车辆接连加入和应急物资不断到达。接着介绍了应急物资运输调度的工作法则包括敏捷、联网、物物配套、人物协同和人机协同。基于此，本章提出了面向需求和车辆数量变更的应急物资运输问题；然后利用动态规划思想给出了在已知受灾地供应顺序的情况下的应急物资运输路线的分配方法，接下来提出了基于蚁群算法的受灾地供应顺序的自学习方法。这两种方法的结合不仅能够求得需求和车辆数量连续变更情况下的应急物资运输问题的解，而且有着较快的运算速度。最后，本章给出了一些面向更宽松的假设的模型处理方法，包括：物资按最低限度搭配的情况、车辆协同运输物资的情况、运输时间不确定的情况，以及多个物资集散地的情况等。

第 5 章

重大突发事件应急物资的筹运流程

5.1 重大突发事件应急物资的准备、调度和运输流程

5.1.1 重大突发事件应急物资筹运流程的协同运作机理

在确定了应急物资的需求种类和需求量之后，物资筹运流程即开始。在重大突发事件中，应急物资的筹运流程包括三个子流程，分别是应急物资准备子流程、应急物资调度子流程，以及应急物资运输子流程。任何一批应急物资的筹运工作都要依次经历这三个子流程。具体说来，首先当收到新的应急物资需求时，政府突发事件应对决策小组(下文简称“决策组”)需要通过各种渠道准备这些应急物资。然后，决策组召集专家基于当前的路况信息对物资运输路线及其期望运输时间进行分析，并利用计算机计算车辆的最优运输路线。最后，车辆装载应急物资并按照预定路线前往受灾地。

以上三个子流程运行所需要的人员是相互独立的。也就是说，参与完成某个子流程的人员将不会参与完成其他的子流程。那么，在有多批应急物资需要运输的情况下，前一批应急物资的准备流程结束后，可立即开始下一批应急物资的准备流程，而无需等待前一批应急物资的运输工作全部完成。对于应急物资调度子流程而言，它的开始条件有两个，第一是前一批应急物资的调度已经制定完成，第二是当前批的应急物资已经准备就绪。物资调度必须在物资准备完成之后的原因是，由于灾情

信息在持续更新，所以必须保证调度完成后，运输车辆可以立即出发以保证当前的调度是适应当前实际情况的。类似的，应急物资运输子流程的开始条件也有两个，第一是前一批应急物资的运输已结束，第二是当前应急批物资的调度已经制定完成。如果在一段时期内，共有 n 批应急物资需要运输，则整个应急物资准备、调度和运输流程如图 5-1 所示。

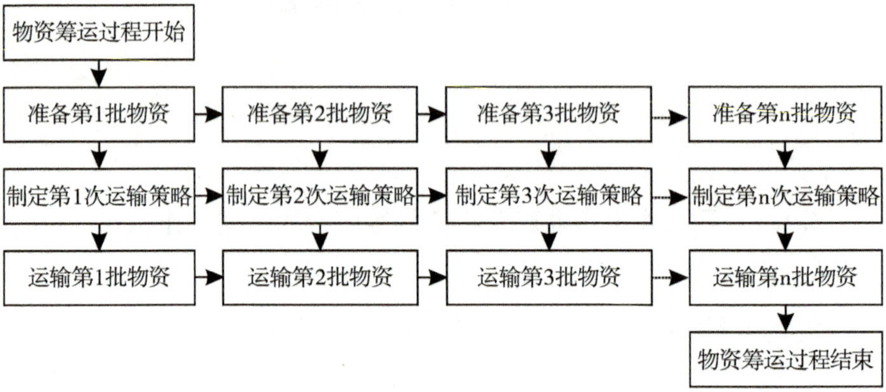

图 5-1　应急物资准备、调度和运输流程

由上面的分析可知，应急物资准备子流程是可以完全独立进行的。也就是说，政府的负责准备应急物资的工作人员可以在任何时候接到应急物资需求信息之后，就立即着手准备应急物资而不必考虑其他子流程的运行进展。所以，应急物资准备子流程一般不是整个应急物资准备、调度和运输流程的关键路径。事实上，整个流程的关键路径在大多数情况下是应急物资运输子流程，即这个子流程所花费的时间最多。为了对整个应急物资准备、调度和运输流程进行优化，有效手段是让应急物资运输子流程成为全流程的关键路径。所以，如果应急物资准备子流程的每个环节的花费时间都长于相应的应急物资调度子流程的环节，那么整个应急物资准备、调度和运输流程的优化就只能从应急物资调度子流程着手。此时，只需让应急物资调度子流程的每个环节都在相应的应急物资运输子流程的环节到来之间完成即可。但如果应急物资准备子流程中

有些环节花费的时间比响应的应急物资调度子流程的环节短，那么就应该综合优化应急物资准备子流程和应急物资调度子流程，使其不会影响应急物资运输子流程的连续运行。

在应急物资准备、调度和运输流程中，应急物资的准备、调度，以及运输是同步进行的。而由于集散地与各个受灾地之间的距离一定，参与运输的车辆数量也是确定的，那么应急物资的最优运输时间就是无法改变的。事实上，本书前一章所提出的“重大突发事件应急物资运输调度的模型”就解决了每辆车驶往受灾地的顺序，得到了应急物资运输的最优运输时间，即解决了应急物资运输子流程的优化问题。因此，本章不对应急物资运输子流程进行优化，而从缩短应急物资准备流程的时间和调度流程的时间上着手来研究提高应急物资运输效率的方法。

5.1.2 重大突发事件应急物资准备子流程

根据前面的分析，在重大突发事件中，政府对应急物资的准备渠道主要有三种：第一，政府直接调运预先准备的库存应急物资；第二，政府向供应商补充征购应急物资；第三，政府通过媒体请求社会捐赠应急物资。

对于绝大多数的应急物资而言，政府在日常都有一定量的库存准备。这类库存应急物资是重大突发事件到来时首先应该取用的应急物资。首先，取用这些库存应急物资的成本远小于向供应商紧急征购同样的应急物资的成本；其次，库存地收到调货通知后，可以立即直接起运应急物资，而无需花费时间在其他方面；再次，库存地要么就是应急物资集散地，要么也离集散地很近，所以在运输时间上面也较其他物资准备渠道短得多。

但是，如果库存应急物资无法满足救援需求时，就应该利用另外两条渠道准备应急物资。其中，向供应商订购的渠道是最常用的。在这个过程中，政府工作人员首先寻找和联系供应商。如果供应商有意向且有能力提供政府所需的应急物资，则政府与供应商就应急物资的数量、质量、价格等进行谈判。如果谈判成功则供应商立即准备应急物资并起运至集散地。如果谈判失败则政府工作人员重新寻找其他供应商。

第三种途径，即请求社会捐赠应急物资，是比较少用的。因为以这种方式获得的应急物资，其到达的时间、数量和质量政府都无法控制，从而不能把它们纳入到统一规划之中。并且，相关经验表明，从媒体发布消息到企业捐赠应急物资，再到应急物资被运送到受灾地，等待时间一般较长，很可能错过应急救援的黄金时间。所以，用这种方式筹集的应急物资一般只能是一些需求不太紧急的应急物资，例如食品、饮用水和御寒用品等。

综上所述，这三个渠道的应急物资准备过程共同构成了重大突发事件应急物资准备子流程。如图 5-2 所示。

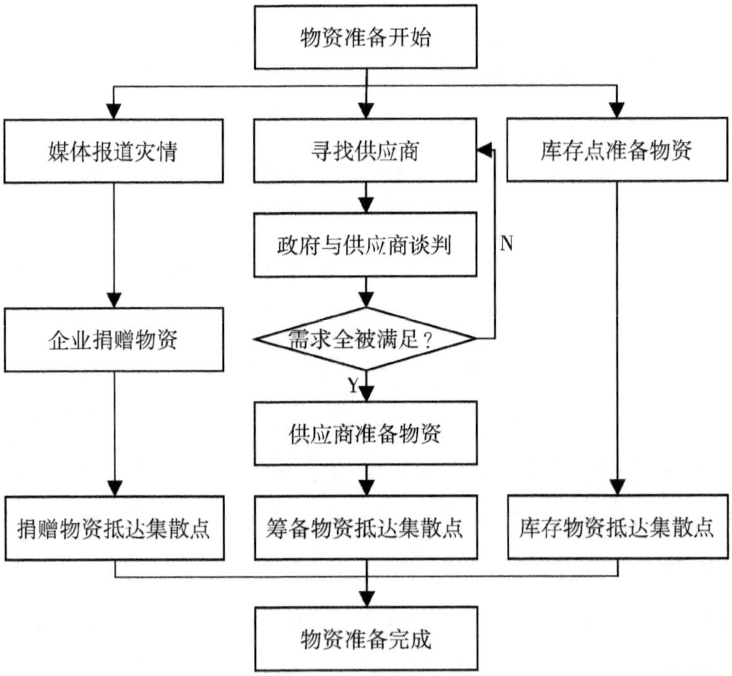

图 5-2　应急物资准备子流程

5.1.3 重大突发事件应急物资调度子流程

应急物资的调度工作，共有两个需要依次完成的关键步骤。第一个步骤是专家评估，第二个步骤是计算机运算。

首先，专家根据航拍照片、地方政府提供的信息以及运输车辆驾驶员的反馈信息来综合评估实时路况，从而修正各个受灾点之间的最佳路线及其所需的运输时间。专家的这个评估非常重要，因为根据前面提出的“重大突发事件应急物资运输调度的模型”，可知该评估的结果是做出最优运输策略的基础。但是，为了保证整个流程的连续性，必须严格限制专家评估所用的时间。对于多位专家独立进行的集群决策而言，一般采取专家进行一轮或者多轮评判从而得到最终决策的方法。而在此情景下，显然只让专家进行一轮评判更节约时间。由于每个专家对现有信息的判断不同，可以让他们对于路况的每一种可能性进行评估。为了使专家得出的结论符合统一标准，可将根据现有实时信息判断的某两个受灾地之间的预期运输时间与它们之间的原始运输时间的增加量设为 L_1，L_2，…，L_m分钟等 m 种可能的情况。再请专家对这些情况发生的概率进行评估。设共有 n 位专家参与评估，第 i 位专家评估对这 m 种情况的概率分别为 $P_i(L_1)$，$P_i(L_2)$，…，$P_i(L_m)$，则根据 Dempster(1967，1968)证据合成算法，得专家对第 j 种情况的评估概率为：

$$(P_1 \oplus P_2 \oplus \cdots \oplus P_m)(L_j) = \frac{1}{K} \prod_{i=1}^{n} P_i(L_j)$$

其中：

$$K = \sum_{j=1}^{m} \prod_{i=1}^{n} P_i(L_j)$$

那么，车辆通过某条路径的最新预期时间增加量，即为评估概率最高的那一种情况。

紧接着，将最新的路况信息代入前面提出的“重大突发事件应急物资运输调度的模型”中，即可算出最优运输策略。这个运算过程由计算机完成。图 5-3 为应急物资调度子流程。

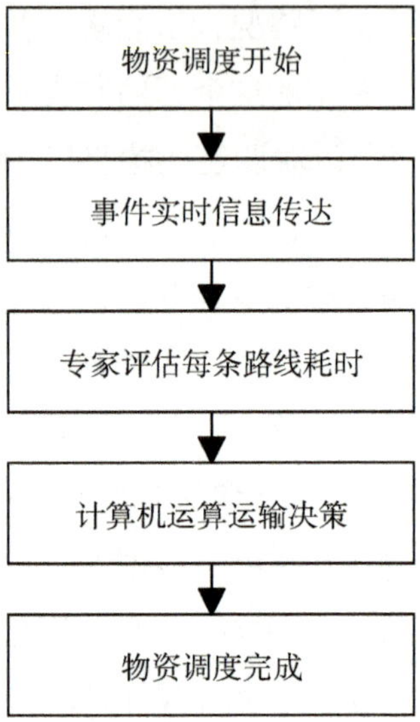

图 5-3　应急物资调度子流程

5.2 重大突发事件应急物资准备、调度和运输的模型

5.2.1 重大突发事件应急物资准备、调度和运输的工作流程系统

应急物资的准备流程、调度流程和运输流程是一个整体系统。只有当它们很好地协调时，应急物资才可能在最短的时间内抵达灾区。因此，研究整个决策流程的优化方法，对提高应急物资的调度效率帮助很大。在突发事件发生后，决策者必须在很短的时间内对整个物资准备与调度流程进行分析，以缩短流程中的排队等待时间。而缩短整体流程的排队等待时间必须从缩短各个环节的排队等待时间着手。这个时候，各个环节的事件发生时间往往不相互独立，也不服从一个确定的分布，所以用传统的排队论模型计算起来就会十分复杂。特别在应急决策的前提下，更是没有时间进行计算。基于 Petri 网的工作流系统仿真就是解决此问题的一个非常有效的方法(Moscato et al.，2012；Hiraishi，2008；Yamaguchi et al.，2001)。它不但能检测整个流程的正确性，而且能够仿真出流程各个环节的细节参数(Van der Aalst，1998)，更可以分析系统中的有限资源的应用情况(Wang，2009)。例如，Wang(2012)用基于 Petri 网的工作流系统对紧急救护流程中有限资源的应用进行了优化。整合应急物资的准备、调度、决策等诸多方面于一个系统，并对其进行分析优化的研究比较缺乏，而将这个系统通过编程实现更是少有研究涉

及。但是，建立这样一个决策支持系统却能够很好地帮助政府在重大突发事件中对应急物资进行有效的筹运。

在确定了突发事件应急物资准备、调度和运输的流程后，若能得知该流程中每个环节的耗时量，就能找出提高整个流程运行速度的方法。因为在一次事件中，每次应急物资的需求信息到来后，政府就要启动该程序对应急物资进行准备、调度和运输，故该流程会执行很多遍，且时间跨度很长。同时，该流程中的大多数环节运行所需的资源，如工作人员，都是明确的、有限的。所以，这就为利用工作流仿真系统对其分析提供了前提条件。

在应急物资运输的过程中，每辆车都从集散地装载物资后，就依次运往各个受灾地，待所载的应急物资卸完之后，再回到集散地装载新的物资继续运输。那么，根据第 4 章提出的“重大突发事件应急物资运输调度的模型”就可以计算出车辆到达(返回)集散地的间隔时间。显然，为了使整个流程不间断地运行，准备与调度物资的工作应该在这段时间内完成，从而保证下一辆车到达集散地之后有货可装，且有明确的运送目的地。其中，最好的情况是当前批的物资已经在前面准备好，只需调度；最坏的情况是当前批的物资完全没有准备，故必须一次完成物资准备和调度两个任务。显然，最坏的情况对物资准备和调度任务的要求更加严格。为了保证系统的流畅运行，下面的研究将基于上述最坏的情况。

设车辆 $k+1$ 和车辆 k 返回集散地的时间分别为 t_{k+1} 和 t_k，且车辆 $k+1$ 在车辆 k 之后返回，二车之间没有其他车辆。则其时间间隔为 $t_{k+1}-t_k$。再设参与运输的车辆总数为 m，则所有的返回车辆的最小时间间隔为：

$$t_p=\min\{t_2-t_1,\ \cdots,\ t_{k+1}-t_k,\ \cdots,\ t_m-t_{m-1}\}$$

将应急物资准备子流程和应急物资调度子流程看成一个整体，称其为“物资准备和调度流程”，则每批物资都要依次经历这个物资准备和调度流程，才能被运送到受灾地。首先计算该流程的总耗时量。其中，政府与供应商对应急物资补充征购谈判的期望耗时量计算如下：设在一轮谈判中，政府与供应商的谈判有失败情况的概率为 p（$0<p<1$），则谈判全部成功的概率为 $1-p$。一旦有失败的情况，政府须重新寻找其他供应商进入下一轮谈判。则这一流程所需时间的期望：

$$E(t_{TN}) = \lim_{n\to\infty}\frac{t_{TN}(1-p^n)}{1-p} = \frac{t_{TN}}{1-p}$$

设政府仓库中预先存储的应急物资在得到运输指令后可即刻起运，其准备时间为零。物资准备子过程的耗时量应为“政府直接调运预先准备的库存应急物资”、“政府向供应商补充征购应急物资”(如果需要)、“政府通过媒体请求社会捐赠应急物资”(如果需要)等三个过程的耗时量的最大值。那么这个物资准备和调度流程的总运行时间为：

$$t'_p = \max\left\{\frac{t_{TN}}{1-p}+t_{TP},\ t_{TM}+t_{TD}\right\}+t_{TL}+t_{TE}+t_{TA}$$

其中，t_{TN}为政府与供应商谈判的耗时量，t_{TP}为谈判成功后供应商准备物资的耗时量，t_{TM}为媒体发出报道所需的时间，t_{TD}为企业从看到媒体报道到准备好捐赠物资的耗时量，t_{TL}为应急物资从供应商启程运往集散地的平均时间，t_{TE}为专家评估各条运输路线的预期通过时间，t_{TA}为计算机利用“重大突发事件应急物资运输调度的模型”运算最优运输路线的耗时量。

根据前面的分析，这个物资准备和调度流程应该在两辆运输车到达物资集散地的最小时间间隔期内完成，故有：

$$t_p = t'_p$$

再设在[0，T_1]时期内，应急物资的每次需求的发生时间相互独立，且服从负指数分布。在此时期内，共有 n 次应急物资的需求。那么，可知应急物资需求的平均到达率：

$$\lambda=\frac{n}{T_1}$$

应急物资需求的平均服务率：

$$\mu=\frac{1}{t_p}$$

根据排队论的原理，逗留时间服从参数为 $\mu-\lambda$ 的负指数分布。则逗留时间 w 的概率密度：

$$f(w)=(\mu-\lambda)e^{-(\mu-\lambda)w}$$

那么平均逗留时间：

$$W_s=E(w)=\int_0^{+\infty}w(\mu-\lambda)e^{-(\mu-\lambda)w}\mathrm{d}w=\frac{1}{\mu-\lambda}$$

平均等待时间：

$$W_q=W_s-\frac{1}{\mu}=\frac{\lambda}{\mu^2-\lambda\mu}$$

另外，由于灾民的医疗和生活等应急物资必须在一定时间内送达，否则会导致更大的伤亡，所以可设这些应急物资必须在[0，T_2]时期内送达。其中，假设物资准备和调度流程中的某个环节 i 需要 n 个工作人员共同参与，该环节的耗时量为 t_{pi}。则这 n 个工作人员的总有效工作时间为 nt_{pi}。再设这些工作人员的时间利用率为 $r_p(0<r_p<1)$；则该环节所需的工作人员数：

$$c_{pi}=\frac{nt_{pi}}{T_2R_p}$$

为了提高物资准备和调度流程的运行速度，必须减少某些环节上的排队等待时间。但是，由于各个环节的发生时间一般不相互独立，也不服从一个确定的概率分布，所以用上述传统的排队论模型计算起来就会十分复杂。但是，基于 Petri 网的工作流系统仿真是解决该问题的有效办法。下面就用该方法来求解每个环节上的排队等待时间等参数。

假设有四批应急物资的请求信息，它们对应的来源方式和准备时间都不相同，以此建立应急物资准备、调度和运输流程的工作流系统，如图 5-4 所示。系统中每个变迁的含义为：TPi，准备第 i 批应急物资；TSi，第 i 次调度；TTi，运输第 i 批应急物资，其中 $i=1$，2，3，4。

利用 WoPeD 软件对图 5-4 所示的系统进行静态检测，可知该系统通过了可覆盖性(Coverability)，有界性(Boundedness)和活性(Liveness)检验，所以这个系统的设计是合理的。

5.2.2　重大突发事件应急物资准备与调度的仿真系统框架

图 5-4 中分支选择节点太多，且其中每个应急物资准备变迁和调度变迁都是由相应的子系统构成的，所以它的运行流程非常复杂，仿真耗时量过长而不能满足应急决策的要求。所以，在具体使用中，必须对其进行适当简化。由此，可以假设某一重大突发事件中，有多批应急物资的需求信息，其中每一批应急物资的来源方式和准备时间均相同。根据

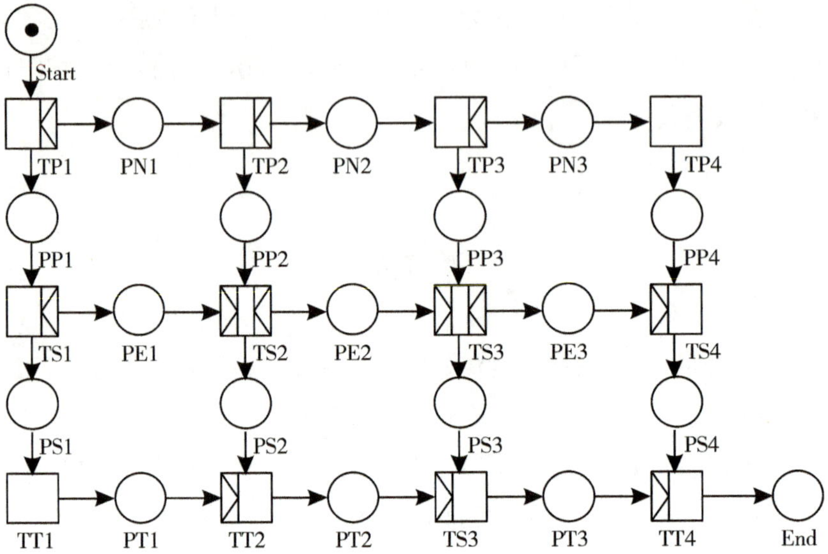

图5-4 应急物资准备、调度和运输的工作流系统

这个假设计算出结果后，再改变来源方式和准备时间相关的参数以计算出多组结果，从而通过比较多种不同的结果的方式来对实际参数进行大致评估。同时，省略所有的应急物资运输变迁，并根据上一节的思想，将应急物资运输变迁的对系统的影响改为新系统整体时间的约束。这样仿真系统被大大简化。

基于上述思想，本书建立应急物资准备与调度仿真系统框架如图6-5所示。与图5-4所示的应急物资准备、调度和运输的工作流系统相比，该仿真系统框架将物资准备和物资运输子系统中的所有环节都在一级系统中呈现，忽略了每一批应急物资的来源方式和准备时间的差异，并且去除了原系统中的所有应急物资运输变迁。该仿真系统框架中的每个变迁的含义为：TC，当前批次应急物资分三种方式获得；TS，寻找供应商；TN，政府与供应商谈判；TP，供应商准备应急物资；TM，媒体报道；TD，企业捐赠应急物资；TW，政府仓库准备应急物资；TL应急物资启程运往集散地；TI，政府给出当前路况信息；TE，专家评估各条运输路线的预期通过时间；TA，计算机运算最优运输路线。

在图 5-5 所示的物资准备与调度仿真系统框架中，有些环节的耗时量受到技术条件的限制而无法减少，例如计算机运算最优路线的耗时量；有些环节政府没有权力控制，例如供应商准备应急物资的耗时量、媒体报道灾情信息的时间、企业捐赠物资的耗时量等；有些则是硬性的时间需求，例如物资从集散地到受灾地的运输时间，应急物资从供应商处运到集散地的耗时量等。事实上，政府在这个系统中真正能够控制速度的环节主要有两个：政府与供应商谈判的环节和专家评估每条路线耗时量的环节。也就是说，对于政府而言，只有这两个环节的时间是有弹性的。因此，提高整个应急物资准备与调度流程的运行速度的关键就在这两个环节上。那么，何时、在多大程度上改变这两个环节的耗时量能够对全局有显著影响；如何降低这两个环节的耗时量，是提高现有人员的工作效率还是增加人员等都是必须解决的问题。而利用基于 Petri 网的工作流系统进行仿真，就可以得到不同情况下解决上述问题的方法。

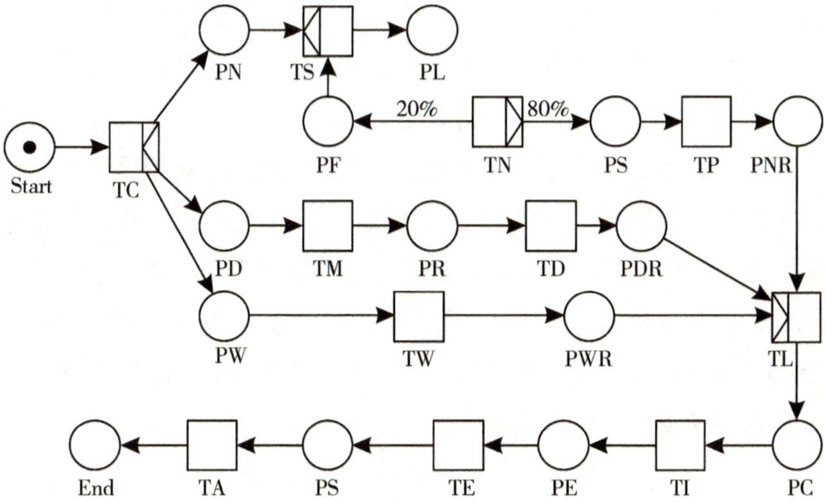

图 5-5 应急物资准备与调度仿真系统框架

5.3 面向更复杂情况的系统优化思路

5.3.1 各种应急物资准备途径的并行处理

在实际的应急物资准备过程中，应急物资的准备途径不仅包含图5-2所示的应急物资准备子流程中的三条，而可能包含诸如国际力量资助，社会组织自行发放等其他的途径。在一种应急物资需要通过多种复杂的途径共同获取的时候，其获取时间就会大幅度延长，甚至远远超过物资运输的时间。那么这个时候，物资准备流程就取代物资运输流程，成为了整个应急物资准备、调度和运输流程中的关键路径。此时，加快整个流程的运行速度的唯一方法只有缩短应急物资的准备时间。

在这种情况下，应急物资的调度子过程不必等待准备子过程全部结束后才开始，而是可以在一部分应急物资已经到达后就着手调度。原则上应该是应急物资就绪一批即起运一批。如果应急物资准备的多条途径的耗时差距很大，那么可以把这些途径分别独立处理。此时，可以建立新的工作流系统模型。该模型由若干条主线构成。每一条主线就是一种应急物资准备途径，它又包括应急物资准备子流程、应急物资调度子流程和应急物资运输子流程。

从而，图5-5所示的应急物资准备与调度仿真系统框架分解就成为若干个子系统并联运行。虽然这相较于原系统要复杂一些，但只会少许延长计算机的运算时间，并不能让运算时间呈指数增长。所以，在这种情况下使用该仿真系统框架不会对应急决策时间产生实质影响。

5.3.2 返回集散地车辆时间间隔的恰当选取

在原模型中，图 5-5 所示的应急物资准备与调度仿真系统框架的运行时间被限定在了返回集散地车辆的最小时间间隔以内。这固然是最佳的情况，因为如果运行时间确实按照这个规则被严格控制，不仅仅会使整个系统以最快的速度运行，还能在应急物资准备子流程和应急物资调度子流程中产生一些时间空余。

但是，这个要求是比较严苛的。在实际的应急物资准备子流程和应急物资调度子流程的耗时无法控制到这个程度时，可以采取相对灵活的控制方式。事实上，应急物资调度子流程的运行起止时间是相对固定的，它必须在本批物资准备就绪之后和运输车辆抵达集散地之前。而应急物资准备子流程的运行是没有其他前提条件的，可以一个接一个地连续进行。

那么，只要计算出每次应急物资准备子流程的截止时间，就可以算出系统最快速度运行的条件下，其他的关键环节的运行时间上限。这里的每批物资的准备所需的资源和时间仍然是相同的。并且容易分析出的是，整个流程运行的时间越长，后面的调度和运输工作的时间限制会越宽松，这是因为物资准备工作是逐步领先于后面的工序而完成的。

在这个时候，将应急物资调度子流程和应急物资运输子流程合并为一个系统，那么该系统每次运行的时间就可以根据应急物资准备子流程的每次运行截止时间算出。显然在这个情况下，上述工作流模型中的每次工作流程的耗时不是固定的，从而系统的运算复杂度会有较明显的增加。但理论上通过新的工作流模型的分析和运算，同样可以得到整个应急物资准备、调度与运输流程的最优运行模式和最短运行时间。

5.3.3 每批应急物资准备消耗资源和时间相异情况的处理

在实际的重大突发事件应急物资准备与运输过程中，应急物资的种类是很多的，每一种应急物资的生产、调配的流程复杂程度各不相同，同时各种应急物资对运输交通工具的需求也各异。例如，与食品和饮用水相比，大型医疗器械的生产和调配流程都更为复杂，对运输车辆的载重能力、最大容积，甚至行驶平稳性都有更高的要求。对于同一种应急物资的准备而言，由于应急物资供应方各不相同，所以谈判的耗时，以及应急物资的生产、调配和运输的耗时都不尽相同。从而，在实际的应急救援工作中，也不得不分批对这种应急物资进行处理。

另外，不同类型的应急物资在准备的过程中所需要的资源不尽相同。例如大型救援器械等精密设备的准备就比衣服被褥等简单物件的准备需要更多的人力物力的支持。而即使对于同一种应急物资的准备，不同的生产企业在整个过程中所消耗的资源也可能有所不同。此过程既包括生产、调配和运输的过程，也包括沟通、谈判的过程。例如政府与某些企业就应急物资补充征购的谈判进展艰难是经常发生的情况，此时就需要多派人手协助。

在上述情况下，如果根据实际数据分析得知应急物资运输子流程仍为关键路线，即原模型系统仍然为图 5-5 所示的物资准备与调度仿真系统框架的时候，就须在当前仿真系统框架的基础上，实现其参数的预设修改功能。具体而言，就是在每次运行该仿真系统框架的时候，相应的参数都要按照预设的规则自动改变，以模拟实际的应急物资准备过程。显然，在这种情况下，系统的运算复杂度会大幅度增加，从而如何控制运行时间就成为必须解决的问题。

本章小结

本章首先提出了重大突发事件应急物资的准备、调度和运输流程，包括应急物资准备子流程、应急物资调度子流程，以及应急物资运输子流程等三个子流程。紧接着，本书建立了基于 Petri 网的应急物资准备、调度与运输的工作流仿真系统。并将其合理简化成为能够在重大突发事件应急救援时实际使用的仿真系统框架，它可以模拟整个应急物资准备与调度的流程，从而使决策者可以根据仿真结果来挖掘出优化当前应急物资调度与运输流程的方法。在利用该系统得到仿真结果之后，政府就可以确定当前应急响应速度是否可以加快，改进整个流程中的哪些环节加快响应速度，需不需要增加人员并行工作等。最后，本章还提出了面向更复杂情况的系统优化思路，包括各种物资准备途径的并行处理、返回集散地车辆时间间隔的恰当选取，以及每批应急物资准备的资源和时间消耗相异情况的处理等。

第 6 章

重大突发事件应急物资的筹运决策

6.1 重大突发事件应急物资筹运决策的要素和流程

6.1.1 重大突发事件应急物资筹运决策的特征

重大突发事件应急物资的准备、调度和运输过程的顺利进行，需要相应的准确快速的决策作为支撑。政府的领导和各相关领域的专家都是这个过程中的决策参与者。而在重大突发事件的情景下，物资的准备、调度和运输过程中的决策明显不同于一般情景下物资的相关决策。

第一，时间压力大。显然，在重大突发事件的情景下，应急物资早一刻运送到受灾地，灾民就多一分生存的希望。而应急物资准备与调度的决策工作却必须在物资起运之前完成。另外，在前面的分析中，也严格规定了相关的决策工作的最长时限。从而，决策者们不得不在规定的时间内做出正确的决策，否则会导致应急物资准备、调度和运输的全过程被延误。因此，在做决策的过程中，决策者们都会感到强大的时间压力。

第二，多领域专家合作决策。重大突发事件的应急物资的准备、调度和运输有效协同，涉及多个方面的问题，例如须判断灾区对应急物资的可能需求种类和需求量、还会有怎样的次生灾害、通往灾区的道路是否可能被损坏，运输车辆抵达受灾地的预期耗时量是多少等。这些问题需要包括地质专家、气象专家、交通运输专家、医疗专家、应急管理专家等在内的多领域专家的通力协作才能解决。

第三，决策连续更新。由于重大突发事件后的相关信息传递的滞后性，决策者们无法在第一时间得到完备信息，所以不得不预先根据相对不完备的信息做出决策，而后期随着灾情信息和应急物资需求信息的不断到达，先前所做的决策也必须持续进行更新。同时，由于次生灾害的发生，受灾地对应急物资的需求种类和数量也可能发生很大变化，从而决策者需要随时准备针对次生灾害做好新的决策工作。

第四，复杂程度高。因为重大突发事件本身是十分罕见的事件，所以即使是相关领域的专家也少有的应对经验，所以专家基于已知信息的判断评估工作难度很大。又因为事件本身影响范围很广，所以有关的信息也是非常繁杂的。决策者们必须从这些或者有效或者无效，或者重要或者次要的信息中，提炼出应急物资的预期需求种类和需求量，以及预期的运输耗时量。这也曾加了决策的复杂程度。

第五，人类智能与机器智能结合。对于重大突发事件应急物资准备与运输的决策，只有人参与其中是不够的。特别是涉及比较复杂的运算时，必须有计算机的协助。例如，前面阐述的“重大突发事件应急物资运输调度的模型”就是利用计算机来帮助寻找最优运输策略的方法。在使用这个方法的过程中，专家们首先通过评估得到每条线路的预期运输耗时量，然后再利用计算机基于上述的专家评估结果来运算出最优运输策略。

综上所述，因为重大突发事件应急物资的准备与调度的决策具有这些独有的特征，所以对整个决策的要素和模式的优化策略，以及决策支持的方法就必须进行专门的研究。

6.1.2　重大突发事件应急物资筹运决策的影响要素

重大突发事件中的应急物资筹运决策过程是一个涉及多个环节的系统工程。其中不仅仅包括各个决策主体的具体决策行为，更包括其他诸多重要的影响因素，如政府部门之间协调程度会直接导致事件信息上传和下达的效率；政府部门的反应速度会直接影响决策信息的到达时间；政府如果有相关经验的积累也会使得其收集信息更有针对性，从而对应急物资的需求种类和数量的预测更加准确，等等。

为了研究上述这些应急物资筹运决策的影响要素，本节引入贝叶斯网络分析的方法。贝叶斯网络是一种系统的、整体的数学分析工具，是一个有向无环图，图中的节点代表随机变量，边代表随机变量之间的条件依存关系，它把概率论与图论结合起来表示随机变量之间的相互关系（Xie et al.，2014）。应用贝叶斯网络可以从整体上研究重大突发事件中应急物资准备与决策过程的各因素之间的影响关系。下文将按下面四个步骤构建重大突发事件应急物资准备与决策的贝叶斯网络模型。

（1）从整体的视角出发，选取研究对象系统中的要素作为贝叶斯网络中的节点变量，并且根据实际情况赋予其值域。对于重大突发事件，共提取 11 个要素，分别是：事件的整体严重程度、交通是否中断、通讯是否中断、受灾人员数量、救援力量、救援等待时间、部门协调程度、政府反应速度、经验积累程度、信息是否有效、人员伤亡数量。为了研究方便，本书将所有的节点变量定义为“1”、“2”两个值，这些值的含义如表 6-1 所示。

表 6-1　　**节点变量及其值域**

	1	2
（1）事件严重程度	事件不严重	事件严重
（2）交通状况	交通没中断	交通中断
（3）通讯状况	通讯没中断	通讯中断
（4）需求预估准确度	准确度高	准确度低

续表

	1	2
(5)应急物资运输量	运输量足够	运输量不足
(6)救援时间	救援时间短	救援时间长
(7)部门协调程度	部门协调程度高	部门协调程度低
(8)政府反应速度	政府反应速度快	政府反应速度慢
(9)经验积累程度	经验积累充足	经验积累不足
(10)需求信息有效度	需求信息有效	需求信息无效
(11)人员伤亡数量	人员少量伤亡	人员大量伤亡

(2)建立用以表示节点之间关系的有向无环图。对于重大突发事件，图中的节点表示事件的各个要素，边表示要素之间的因果关系。

从系统的角度来看，事件的发生会直接使人员受到伤害，并且会不同程度的影响受灾地区的交通和通信情况。交通的中断会影响充足的应急物资的投送，也会延长救援时间。通讯的中断会让受灾地和救援地缺乏有效沟通，救援地无法准确获知受灾地的具体情况，也会导致应急物资运输时间的拖延以及物资的不合理投放。而救援部门之间的协调程度也会影响应急物资、救援人员的投送和救援工作的及时进行。部门的反应速度和相关事件应对经验的积累程度直接影响部门收集的应急物资需求信息是否有效，而有效的信息会极大地帮助专家对应急物资的需求种类和数量进行准确的预估。应急物资需求的预估准确程度、应急物资运输量的多少，以及等待救援的时间都能够影响最终事件造成的人员伤亡数量。

图 6-1 为从整体视角来看的重大突发事件应急物资筹运决策系统中的要素及其相互关系的网络概念图。

(3)计算网络中的参数，即所有要素的发生概率。对于重大突发事

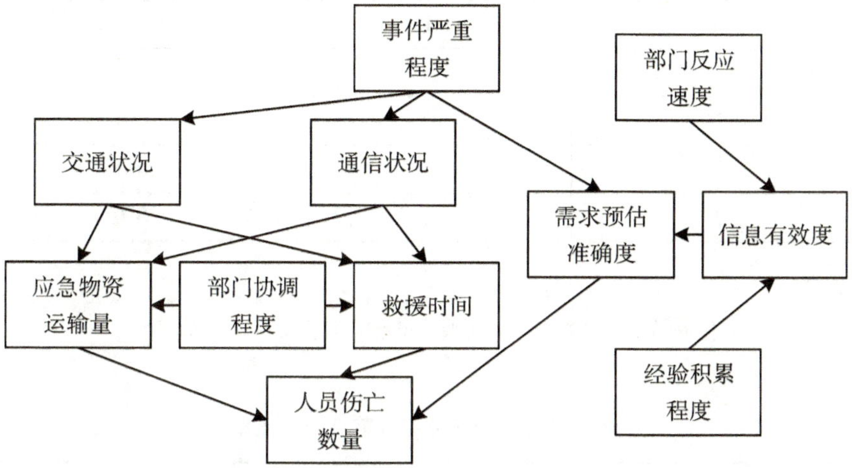

图 6-1 应急物资筹运决策系统网络概念图

件，由于发生的概率很低，可供收集的样本数据太少，所以大部分要素的概率都是通过咨询专家和往常的知识得出。这些数据难免有些不准确，但由于建立重大突发事件应急物资筹运决策的贝叶斯网络模型的目的并不是要精确得出各种事件的发生概率，而是为了研究某些因素对最终伤亡人数的影响，所以该模型模拟出来的结果仍是有效的。

每个根节点的状态概率如表 6-2 所示。

表 6-2 **根节点的状态概率**

A	P(A)
(1)	0.5
(2)	0.5

有且只有一个父节点的节点条件概率如表 6-3 所示。

表 6-3　　有且只有一个父节点的节点条件概率

A	B	P(B｜A)
1	1	0. 9
2	1	0. 1
1	2	0. 1
2	2	0. 9

有且只有两个父节点的节点条件概率如表 6-4 所示。

表 6-4　　有且只有两个父节点的节点条件概率

A	B	C	P(C｜A，B)
1	1	1	1
2	1	1	0. 5
1	2	1	0. 5
2	2	1	0
1	1	2	0
2	1	2	0. 5
1	2	2	0. 5
2	2	2	1

有且只有三个父节点的节点条件概率如表 6-5 所示。

表 6-5　　有且只有三个父节点的节点条件概率

A	B	C	D	E	p(E｜A，B，C，D)
1	1	1	1	1	1
2	1	1	1	1	0. 5

续表

A	B	C	D	E	p(E丨A, B, C, D)
1	2	1	1	1	0.5
2	2	1	1	1	0.25
1	1	2	1	1	0.5
2	1	2	1	1	0.25
1	2	2	1	1	0.25
2	2	2	1	1	0.125
1	1	1	2	1	0.5
2	1	1	2	1	0.25
1	2	1	2	1	0.25
2	2	1	2	1	0.125
1	1	2	2	1	0.25
2	1	2	2	1	0.125
1	2	2	2	1	0.125
2	2	2	2	1	0
1	1	1	1	2	0
2	1	1	1	2	0.5
1	2	1	1	2	0.5
2	2	1	1	2	0.75
1	1	2	1	2	0.5
2	1	2	1	2	0.75
1	2	2	1	2	0.75
2	2	2	1	2	0.875
1	1	1	2	2	0.5
2	1	1	2	2	0.75
1	2	1	2	2	0.75
2	2	1	2	2	0.875

续表

A	B	C	D	E	p(E︱A, B, C, D)
1	1	2	2	2	0.75
2	1	2	2	2	0.875
1	2	2	2	2	0.875
2	2	2	2	2	1

(4)根据已有的网络结构和参数，给出在有已知的证据条件下，某些要素发生的后验概率。对于重大突发事件，必然要以事件造成的伤亡人数这一要素作为唯一标准来研究应急物资准备与调度过程中，政府反应速度、经验积累程度和部门协调程度对该要素的影响。

应用 Matlab 软件中的贝叶斯网络工具箱，建立贝叶斯网络模型，得到图 6-2 所示的贝叶斯网络图，这与图 6-1 的概念模型一致。然后根据不同的部门协调程度(S)、政府反应速度(R)和经验积累程度(A)，用 jtree_ inf_ engine 模块对重大突发事件中的人员伤亡人数进行推理，结果如表 6-6 所示。

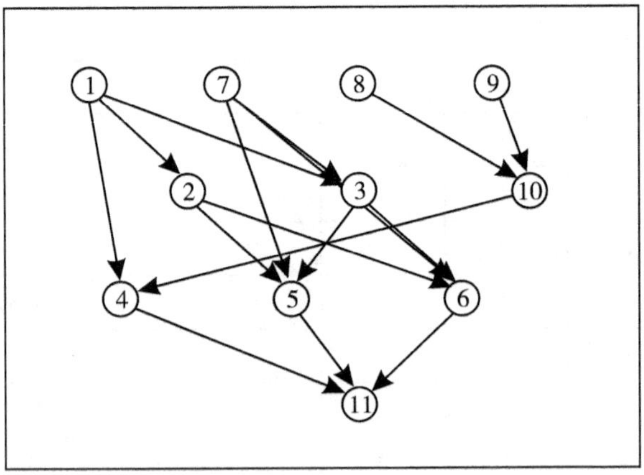

图 6-2 应急物资筹运决策要素的贝叶斯网络图

表 6-6 人员伤亡人数推理结果

S	R	A	P(D丨S, R, A)
1	1	1	0.4239
1	1	2	0.5514
1	2	1	0.5514
1	2	2	0.7070
2	1	1	0.5903
2	1	2	0.7011
2	2	1	0.7011
2	2	2	0.7852

从表 6-6 中可以看出，在部门协调程度好、政府反应速度快和经验积累程度高的情况下，重大突发事件造成大量人员伤亡的概率最低，为 0.4239。如果这三个因素中有一个做得不好，则事件造成大量人员伤亡的概率就会提高。如果这三个因素都做得不好，则事件造成大量人员伤亡的概率最高，达到 0.7852。

所以从该模型的运算结果可以得出结论：部门协调程度、政府反应速度和经验积累程度都是应急物资筹运决策过程中的重要影响因素，从而在设计具体的重大突发事件应急物资准备与调度的决策流程时，必须考虑到它们对决策效果的影响。

6.1.3 重大突发事件应急物资筹运决策的流程

在重大突发事件发生后，与事件相关的监测部门(如地质部门、气象部门等)一般会在第一时间监测到突发事件的方位、破坏程度等信息。在分析这些信息后，监测部门会对此次突发事件可能造成的破坏进行评估，并将突发事件信息和预估的破坏程度上报国家政府。同时，灾区地方政府通过实地调查初步得到受灾地的大致受灾情况，并请求国家政府立即展开救援。

在收到监测部门和地方政府上报的相关信息后，国家政府立即成立决策组。决策组的成员由国家政府各个部门的负责人组成，并由一位国家领导人担任组长。根据上一节的结论，国家政府在收到信息之后的反应速度对整个决策过程极其重要。

在成立了决策组之后，各个部门分别在自己的管辖范围内收集突发事件应急物资的需求信息，同时空军出动飞机对灾区内以及周边的路况进行航拍，并即时传回拍摄到的照片。从而，决策组就得到了突发事件发生后第一份较为完整的信息。根据上一节的结论，在这个过程中，各部门之间的协调工作很重要，各部门收集的信息应该相互补充、佐证，而不应该简单重复，做无用功。并且各部门的相关救援工作也应该紧密配合。

在得到灾情信息之后，决策组必须立即分析此次救灾工作所需的应急物资种类和数量。而该分析工作是由地质专家、气象专家、医疗专家和应急管理专家等共同完成的。这些专家在得到通知后可以通过互联网决策支持平台来达到“虚拟”的集结。基于前面的分析，可以得到专家首次决策的流程：第一步，决策组通知各位专家；第二步，专家登录在线决策平台；第三步，专家进行第一轮 Delphi 决策以确定应急物资的需求种类；第四步，专家进行多轮 Delphi 决策以确定各类应急物资的需求数量；第五步，根据应急物资的种类和数量，决策组调度足够的运输车辆前往应急物资集散地待命。这个流程的目标是确定应急物资的需求种类和需求数量，同时调度运输车辆随时待命。在这之后，可以启动第 5 章所提出的“重大突发事件应急物资准备、调度与运输流程”。从而这就构成了重大突发事件应急物资筹运的整体决策流程，如图 6-3 所示。

为了验证这个系统是否合理，可通过 Petri 网的原理进行检测。由

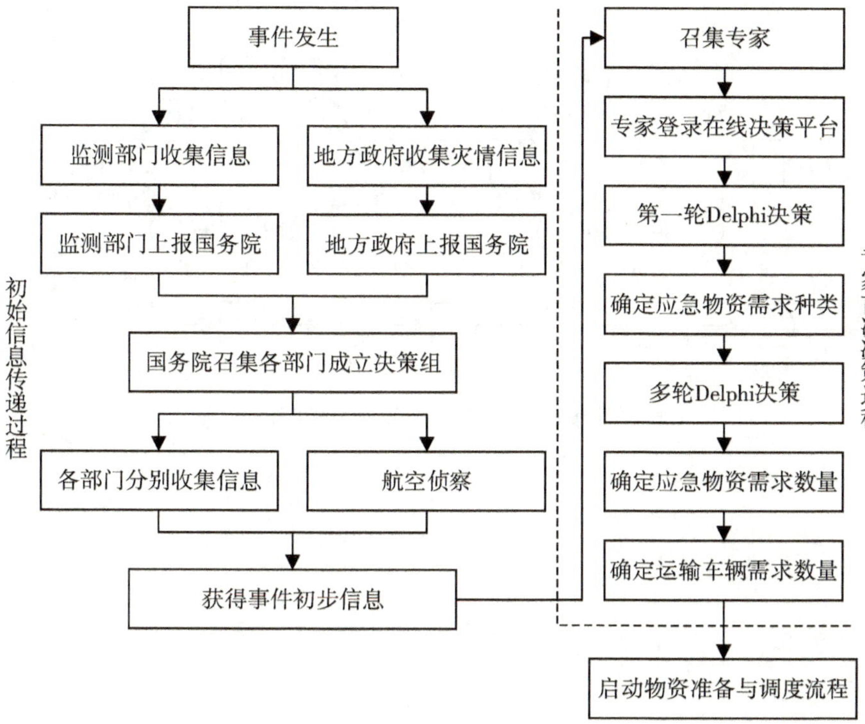

图 6-3 应急物资筹运的整体决策流程

于应急物资准备、调度与运输流程系统的合理性已经在前面中检测过了，所以本节只检测初始信息传递过程和专家首次决策过程所组成的系统。因此，建立应急物资筹运的工作流系统，如图 6-4 所示。其中每个变迁(transition)的含义为：TI，突发事件信息到达；TB，监测部门评估突发事件等级；TL，地方政府调查损失情况；TR 报告突发事件信息；TG，国家政府成立应急决策组；TA，空军出动飞机拍摄灾区情况；TS，信息汇总；TE，专家集结；TD1，确定应急物资需求种类；TDN，确定各类应急物资需求数量；TT，调配足够的运输车辆待命。

运用 WoPeD 软件对图 6-4 所示的模型系统进行检验，可知系统通过了可覆盖性(Coverability)，有界性(Boundedness)和活性(Liveness)检验，所以这个系统的设计是合理的。

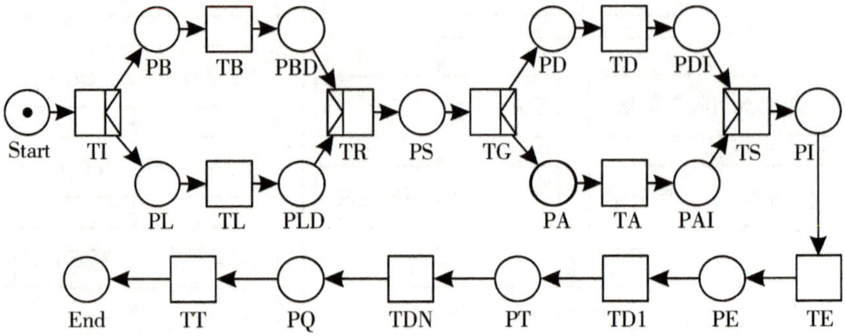

图 6-4 初始信息传递和专家决策的工作流系统

6.2 重大突发事件应急物资筹运的集群决策方法

6.2.1 应急物资筹运的集群决策模式

在重大突发事件发生后，相关的人员应该尽可能地迅速集结起来，对应急物资的准备与调度工作进行决策。根据前面的分析，可将这些人员分为三类。首先是各相关领域的专家，根据具体事件类型的不同可能包括地质专家、天文专家、交通运输专家、医疗专家、应急管理专家等。他们是对应急物资准备与调度过程中的各种问题进行直接分析和决策的人。这些问题其中包括但不限于基于有限的信息预判可能的应急物资需求类型和需求量，估计运输车辆前往受灾地的途中可能的路况条件等。其次是政府决策者，这些人一般由政府的高级别官员构成。他们掌握着国家的所有的官方救援力量，包括应急物资库存、应急救援人员，以及军队等。他们同样是事件应对的直接责任人，事件应对的效率和救援工作的效果都由他们承担主要责任。他们在整个应急物资准备与调度的过程中的作用主要是对已经制定的应急策略最终拍板，并利用手中的权利保证该策略有效实施。最后是一般工作人员，其主要任务是将专家分析和决策、决策者拍板和计算机运算等过程进行有效衔接。

显然，在重大突发事件发生后，政府决策者和相关的专家们一般都没有时间聚集到同一个地方来展开决策。为了让身处各地的人员尽快形成一个集体，互联网就可以承担重要角色。在互联网的协助下，这些人员就能达到一种“虚拟”的集结。当重大突发事件发生时，工作人员首先组建基于互联网的应急物资筹运决策支持平台，他们将各个地方政府和献策部门上报的灾情信息进行整理，并发布到决策支持平台上。由于此时关于突发事件的即时信息非常有限，决策者们无法立即得知应急物资需求的种类和数量，从而就需要依靠有相关经验和知识的专家进行评估。这些专家们很快被通知，通过互联网登录决策支持平台，并根据现有事件信息预估应急物资的需求种类和数量。在专家的意见最终统一之后，决策支持系统自动会将最终的决策建议提交给决策者，决策者如果认为可行就立即付诸实施。在预测和决策的过程中，专家、决策者和工作人员可以相互通过互联网进行即时交流。专家将希望进一步收集的事件信息反馈给工作人员，由工作人员再反馈给一线信息收集人员，决策者也通过工作人员对专家提出的决策建议做出评价并提出进一步要求，再由工作人员反馈给专家。

综上所述，本书提出重大突发事件应急物资准备与调度的集群决策模式，如图 6-5 所示。

在此模式中共有三类人员：专家、决策者和工作人员，这三类人员通过基于互联网的决策支持平台联系在一起，共同对重大突发事件应急物资准备与调度的相关问题展开决策工作。其中，工作人员是专家与决策者之间的信息传递者和总体决策工作的组织者，他们跟决策支持平台相互补充，共同为专家和决策者服务。

6.2.2　应急物资需求初判的 Agile-Delphi 决策流程

上节所阐述的应急物资筹运的集群决策模式贯穿于应急物资筹运过程的始终，但其中有一个关键问题则会因决策阶段的不同而发生变化：一般而言，参与决策的各个领域的专家人数众多，他们对于灾情信息的看法也不尽相同，从而做出的判断也会有差别。而最终的需要实施的决

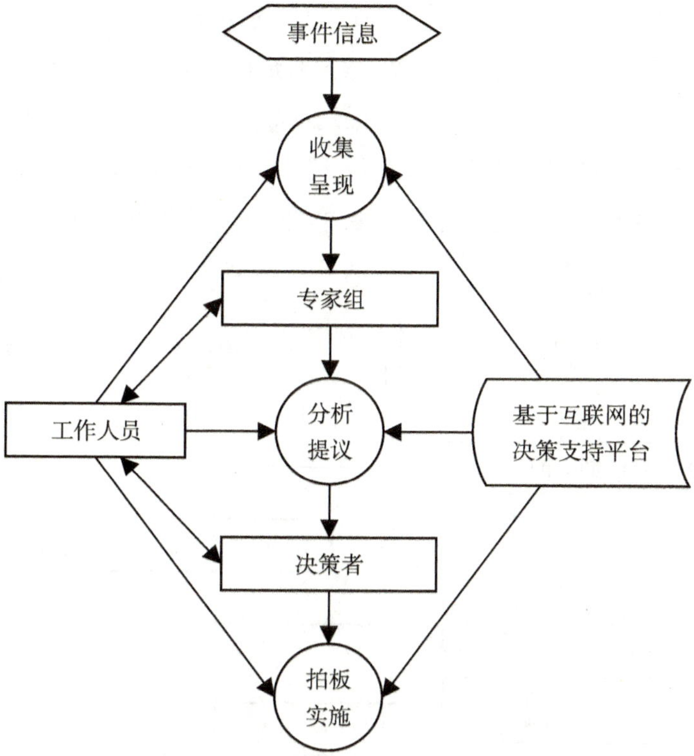

图 6-5 基于互联网的应急物资准备与调度的集群决策模式

策方案只能是一个，所以将多种不同的决策意见进行统一是必须解决的关键问题。

事实上，类似的问题已经在前面中做过分析。前面所运用的方法是基于 Dempster 证据合成算法直接将所有的决策意见合成为一条决策意见。引入此方法的一个重要原因是，在应急物资准备与调度的流程中，专家的决策时间受到极大的限制，必须使用一个速度最快的决策意见合成方法。但是，该方法的缺陷也很明显，即合成之后的决策意见可能不合理或者与所有的专家意见都不同，并且得到最终结论后，也不反馈给专家进行确认而是直接运用在了后面的流程步骤中。因此，在对决策准确度要求很高的环节上，并不太适用这个方法。

显然，对应急物资的需求类型和需求数量进行初步判断的环节就对决策准确度要求很高。因为该环节是确定后续整个应急物资准备、调度和运输的工作内容的关键，一旦此处判断不准确，将会直接导致后续工作做很多无用功。所以，这里将采用 Xie 等(2012)提出的 Agile-Delphi 法来对不同的专家决策意见进行统一。Agile-Delphi 法是一种兼顾决策准确度和决策速度的决策合成方法。它的运行流程如图 6-6 所示。

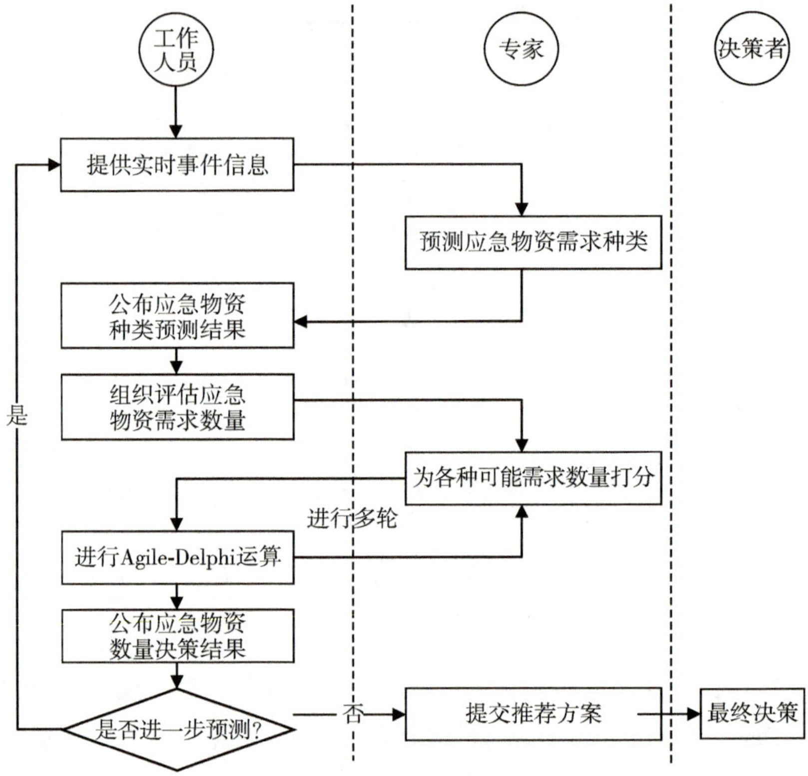

图 6-6　应急物资需求初判的 Agile-Delphi 决策流程

在事件发生后，工作人员将当前所获得的灾情信息、受灾地对救援物资的请求信息等提供给决策者。然后，决策者根据这些信息对应急物资可能的需求种类进行预测，这实际上是第一轮 Delphi 决策过程。在该轮决策结束后，工作人员公布预测的应急物资的需求种类，然后组织专家对每类应急物资的具体需求数量进行评估。专家评估的方式为选项打分方式，即工作人员提供多种物资需求数量的选项再由专家挑出最有可能发生的选项。这个过程分多轮进行，它是 Agile-Delphi 法的核心部分。在每一轮的决策中，专家都对同样的问题进行评判，同时他们会知道上一轮中其他人对这些问题的看法。从而专家们在自己的决策意见与大多数人的决策意见不一致时，可以选择在这一轮中仍然坚持己见或者认可其他人的决策意见。在若干轮之后，Agile-Delphi 算法就会让专家们的决策意见集中，并最后消除不同决策意见。在得到统一决策意见之后，工作人员将该决策意见公示给专家们。若其得到专家们的认可，则工作人员将其整理成推荐决策方案，并呈交给决策者，再由决策者拍板并付诸实施。

6.2.3 应急物资需求初判的 Agile-Delphi 算法的程序实现

Agile-Delphi 算法能够将专家们不同的决策意见最终统一，其主要原理就是“少数服从多数”的原则。具体说来，算法给每位专家附上相应的权重，该权重在每一轮 Delphi 运算后都会改变。如果某位专家的决策意见一直与大多数人的决策意见相差很多，且其每轮在得知其他人的决策意见后仍然一直坚持己见，则算法会逐步削弱他的权重，最终采用大多数专家的意见。为了描述某一轮次中的专家决策意见的统一程度，算法引入“Focus”参数，当 Focus 超过某一个预设值时，就认为专家的意见已经基本统一，算法即停止。将 Agile-Delphi 算法用 C#程序语言写成代码，如下所示。

```
protected double[] delphi(double[,] x,double[] w)
    {
        int m=w.Length;
        int n=x.Length / m;
```

```
double[,] b=new double[m,n];
double[] suma1=new double[n];
double[] suma2=new double[m];
double[] d=new double[n];
double[] g=new double[m + n + 1];
double sum1=0,sum2=0,sum3=0;
double Focus=0;
for (int j=0; j < n; j++)
{
    suma1[j]=1;
}
for (int i=0; i < m; i++)
{
    sum1=0.0;
    for (int j=0; j < n; j++)
    {
        sum1 += x[i,j];
    }
    for (int j=0; j < n; j++)
    {
        b[i,j]=x[i,j] / sum1;
    }
}
for (int j=0; j < n; j++)
{
    for (int i=0; i < m; i++)
    {
        suma1[j] *= System.Math.Pow(b[i,j],w[i]);
```

```
        }
        sum2 += suma1[j];
    }
    for (int j=0; j < n; j++)
    {
        d[j]=suma1[j] / sum2;
}
    for (int i=0; i < m; i++)
    {
        for (int j=0; j < n; j++)
        {
            suma2[i] += System.Math.Pow((b[i,j] - d[j]),2);
        }
        suma2[i]=System.Math.Pow(suma2[i],0.5);
        Focus += suma2[i];
    }
    for (int i=0; i < m; i++)
    {
        sum3 += 1 / suma2[i];
    }
    for (int i=0; i < m; i++)
    {
        w[i]=1 / suma2[i] / sum3;
    }
    for (int i=0; i < m + n + 1; i++)
    {
        g[0]=Focus;
        for (int j=0; j < m; j++)
```

```
            {
                g[j + 1] = w[j];
            }
            for (int k = 0; k < n; k++)
            {
                g[m + k + 1] = d[k];
            }
        }
        return g;
}
```

上述程序代码为一个函数，参数数组 x 存储每个专家的决策意见，参数数组 w 存储对应专家的权重，返回值是下轮每位专家的权重、该轮聚焦度和每个选项的评价值。

6.3 重大突发事件应急物资筹运的决策支持平台

6.3.1 决策支持平台的功能模块

为了让前面所提出的应急物资准备与调度相关的策略、算法和流程等能够真正用于实践，本节将编写一个整合了上述全部功能的“重大突发事件应急物资准备与调度的决策支持平台”，为相关的人员提供相应的决策支持。该平台共分为六大功能模块，分别是：系统管理、信息发布平台、专家评估平台、物资准备平台、物资调度平台和即时交流平台。下面分别就每个平台的具体功能做详细阐述。

(1)系统管理。此模块的功能主要是管理整个决策平台以及数据库中存储的内容。它包括三个子功能模块，分别为人员管理、事件管理和经验管理。人员管理的功能主要是添加新专家到数据库、修改数据库中现有专家的基本信息、删除数据库中的专家等。在数据库中的专家的数据表内，除了存储专家的个人信息外，还存储其精通的领域，以往类似事件的应对经历和处理效果等信息。事件管理的主要功能是发布新的事件到平台中，该事件可以是整个突发事件，也可是其中某个决策事件，例如对某地区的特殊应急物资需求的筹运决策。对于任何事件必须先在平台上发布，才能够进行后续的决策过程，即工作人员在决策平台上发布事件意味着整个决策工作的开始。经验管理的主要功能是调用以往类似突发事件应急物资的筹运流程，以及相关工作经验和教训，作为此次事件应急物资筹运决策工作的借鉴；对数据库内存储的突发事件应急物资的筹运流程，以及相关工作经验和教训的记录进行编辑；在当前突发事件应急物资全部运输完成后，将此次筹运工作的流程，以及相关工作经验和教训录入数据库，作为经验知识以备查询。此模块的主要参与者为政府的工作人员。

(2)信息发布平台。此模块的功能主要是将当前突发事件的相关信息发布出来，供专家和决策者查看。这里的信息主要包括三类，分别为灾情基本信息、待命物资信息和实时路况信息。灾情基本信息主要为突发事件发生后，相关监测部门、地方政府上报的初始信息，以及之后持续补充的灾民对救援物资的请求信息等。待命物资信息是指应急物资准备与调度过程中，确定可以使用的物资的类别、数量，以及当前所处方位等信息，这些物资包括但不限于库存准备的物资、已经订购完成的物资、已经收到的捐赠物资等。实时路况信息主要为空军飞机的航拍图片和卫星图片所反映的物资集散地到各个受灾地之间，受灾地与受灾地之间的道路的交通状况，以及道路损坏程度等信息。此模块的主要参与者为政府的工作人员。

(3)专家评估平台。此模块的功能主要是为专家对应急物资筹运的相关问题的决策提供支持。具体说来，它提供包括对专家的物资类型评估决策、物资数量评估决策和线路耗时评估决策的支持。在专家对应急物资的需求类型和数量进行预估的过程中，首先工作人员在决策支持平台上设计应急物资需求种类的决策问卷，然后专家通过对问卷中的选项打分来挑选出可能性最大的物资种类，接着工作人员再在决策支持平台上设计应急物资需求数量的决策问卷，最后专家再经过多轮的打分最终确定各类应急物资的需求数量。而应急物资需求初判的 Agile-Delphi 算法则被整合到该子模块中。另外，在专家评估车辆运输线路的期望耗时量时，也是有工作人员在该决策平台上先给出可能耗时量的几个选项，再由专家估计这些选项的发生概率。在所有专家提交了自己的评估结果后，决策平台自动利用 Dempster 证据合成算法将所有的专家评估结果进行合成，并形成最终决策意见。此模块的主要参与者为政府的工作人员和专家。

(4)物资准备平台。此模块的功能主要是协助政府对应急物资的预先准备，以及应急物资补充征购工作。它包括三个子功能模块，分别为准备策略计算、物资征购辅助和物资需求预测。准备策略计算子模块的功能是协助政府对应急物资的日常准备量进行决策。在相关的监测部门对可能发生的重大突发事件预警并预测可能需要的应急物资数量之后，政府联系供应商提前订购这批物资，并确定其单价，同时根据经验可大致估算出同样一批物资在重大突发事件发生后补充征购的单价。政府工作人员将这些信息输入到决策支持平台中，则此“准备策略计算”子模块可以利用“重大突发事件应急物资预先准备模型”计算出应急物资的最优准备量。物资征购辅助子模块直接与政府物资采购的外网连接，工作人员可以在这个子模块中以填写标准表格的形式提交应急物资补充征购通知，则政府采购的网站会自动在最醒目的位置出现应急物资补充征购信息。同时，该信息还会发给事先在政府备案过的供应商手中，提醒他们可以立即申请供应。物资需求预测子模块的功能是在专家确定应急物资的需求种类和数量后，根据当前情况大致预测应急物资需求数量的变化趋势，该趋势随着事件信息的不断更新而持续调整。这个过程用到的是基于系统动力学的“重大突发事件应急物资供需数量的预测模型”。此模块的主要参与者为政府的工作人员。

(5)物资调度平台。此模块的功能主要是协助政府工作人员制定应急物资的运输策略，并且帮助优化应急物资准备与调度的流程。它包括三个子功能模块，分别是运输策略计算、流程简化仿真和人员需求计算。运输策略计算子模块的功能是协助工作人员得到应急物资的最优运输策略。在专家通过实时路况信息得到每条线路的预期通过时间之后，工作人员将其输入到应急决策平台，并利用此模块中集成的基于动态规划和蚁群算法的“重大突发事件应急物资运输调度的模型”对其进行处理，最终得到应急物资的最优运输策略。流程简化仿真子模块和人员需求计算子模块都用到模块中集成的“重大突发事件应急物资准备与调度的仿真系统框架”。前者的功能是协助工作人员判断当前应急物资准备与调度系统可否缩短运行时间，改进那些关键环节可以缩短运行时间。后者的功能是计算一些关键环节中的相关人员的工作负荷，以及是否需要增加一些人力以保证整个应急物资准备与调度流程在规定时间内完成。此模块的主要参与者为政府的工作人员。

(6)即时交流平台。在整个应急物资的准备、调度和运输过程中，政府工作人员、决策者，以及各领域的专家的工作基本都在决策支持平台上完成。他们从始至终都需要保持密切的联系。例如，专家与工作人员沟通，并要求其重点收集做决策所需要的特定信息；决策者与工作人员和专家沟通，对其做出的决策提出一些意见和疑问，等等。那么决策支持平台的及时交流功能就能很好地满足这些要求。

综上所述，可整理出重大突发事件应急物资准备与调度的决策支持平台的功能模块及其对应的子模块等的框架，如图6-7所示。

6.3.2 决策支持平台的设计和实现

为了让身处各地的专家们都能在接到通知后立即开展应急物资的筹运决策活动，应急物资筹运的决策支持平台的兼容性就是必须考虑的问题。因此，本节采用浏览器/服务器的网络结构模式(B/S 模式)设计该决策支持平台。与传统的客户端/服务器的软件结构模式(C/S 模式)相比，B/S 模式具有更强的实用性。专家只需要有一台能上网的拥有网络浏览器的计算机即可登录决策支持平台，而无需对客户端进行安装和维护。

应急物资筹运的决策支持平台采用三层架构设计，包括表示层、业务逻辑层和数据访问层。表示层就是呈献给工作人员、专家和决策者的界面，亦即他们与决策支持平台直接交流的窗口。业务逻辑层就是针对具体问题的操作。工作人员在此决策支持平台中集成的所有算法、仿真

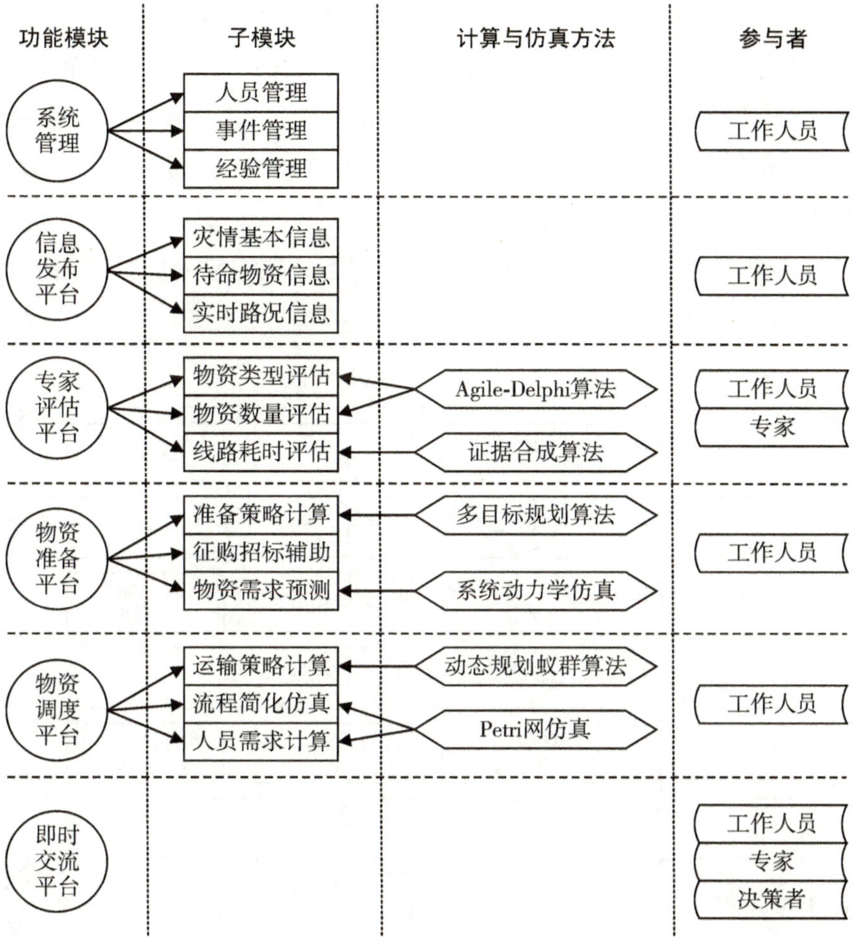

图 6-7　决策支持平台功能模块

方法等都属于业务逻辑层。例如工作人员在操作界面输入应急物资的预期需求量，提前订购单价，补充征购单价等参数，业务逻辑层会利用“重大突发事件应急物资预先准备模型”计算出应急物资最优的准备量；工作人员在操作界面上输入每条运输路线的预期耗时量，业务逻辑层会利用“重大突发事件应急物资运输调度的模型”计算出车辆的最优运输路线。数据访问层的主要功能是访问数据库，对数据库中的原始数据进行操作。例如工作人员在表示层，即其操作界面上添加、修改或删除专家信息，编辑事件应对经验等，数据访问层将这些操作作用在数据库上，从而实现对数据库中数据的管理。而在数据库中，包括三个子库：专家库、事件库和经验库。专家存放有各领域专家的基本信息，事件库存放有当前事件的各类具体信息，而经验库存放有以往所有重大突发事件的应急物资筹运工作的经验和教训。

综上所述，重大突发事件应急物资筹运决策支持平台的三层架构设计如图 6-8 所示。

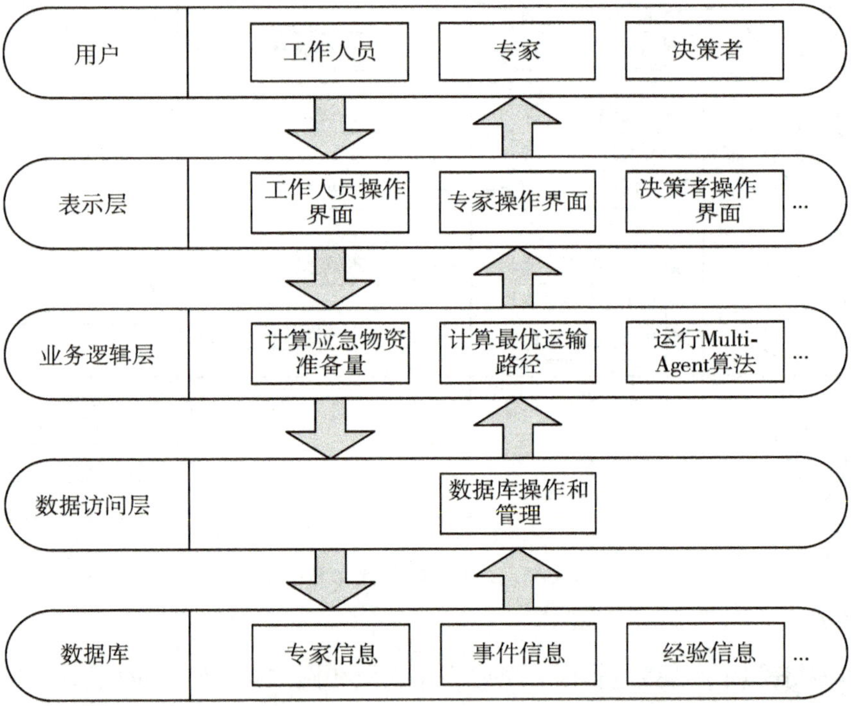

图 6-8 应急物资筹运决策支持平台的三层架构设计

在应急物资筹运决策支持平台中，共有三种用户类型，包括工作人员、专家和决策者。这三种用户所看到的界面是不一样的。根据图 7-7 所示的平台每个功能模块相关的用户类型可以下面的原则设计每类用户的操作界面：工作人员的操作界面包括该决策支持平台所有的功能模块，专家的操作界面包括专家评估平台和即时交流平台两个功能模块，而决策者的操作界面仅包括即时交流平台。但对于信息发布平台，专家和决策者两类用户虽然没有权限直接操作，但可以查看上面公布的所有灾情信息和决策信息等。而工作人员在进行完每一环节的工作后，都将相应的结果公布到信息发布平台上，例如实时更新的灾情信息、专家预测的应急物资需求种类和数量信息、专家评估的运输线路耗时量信息，以及计算机算出的应急物资需求预测结果和车辆最优运输路线结果等。图 6-9 显示了应急物资筹运决策支持平台中的工作人员操作界面。

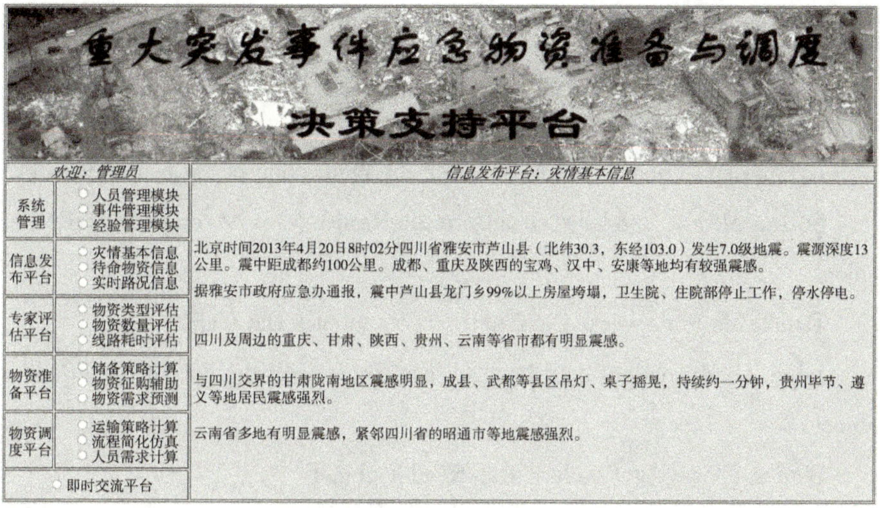

图 6-9　应急物资筹运决策支持平台的工作人员操作界面

在重大突发事件应急物资筹运的决策支持平台中，前端信息系统与后端数据库之间的通讯是频繁发生的。因此，就必须用到面向对象的类库 ADO. NET 去与数据库进行交流。运用 ADO. NET 与数据库通讯的第一步是用“connection”对象来提供数据库连接参数，例如服务器名、数据库名、用户名和密码等。第二步是运用“command”对象去进行数据添加、删除、修改和排序。“command”对象包括很多类函数，如“ExecuteReader( )”，“ExecuteScalar( )”，“ExecuteNonQuery( )”等。第三步是运用“DataReader”去读取数据或者运用“DataAdapter”对象去修改数据。

例如对于一些固定的突发事件信息和经验信息，可以采取只读的方式访问数据库，具体代码如下：

```
string connectionString = "Server = TestServer; Database = TestDatabase; Uid=sa; Pwd=000";// get the connection string
SqlConnection conn = new SqlConnection(connectionString);// create connection object
SqlCommand comm=conn.CreateCommand(); // create command object
comm.CommandType=CommandType.StoredProcedure;
comm.CommandText="test_procedure";
comm.Connection.Open(); // open the connection of the command object
SqlDataReader reader = comm.ExecuteReader(); // create DataReader object
DataTable table=new DataTable(); // create DataTable object
table.Load(reader); // load the DataTable with the data in DataReader object
reader.Close(); // close DataReader object
comm.Connection.Close(); // close the connection of the command object
```

6.4 基于物联网的应急物资筹运的决策支持系统框架

6.4.1 应急物资筹运过程可应用的主要物联网技术

物联网(Internet of things)就是将物品与物品相连接的互联网。将物联网的相关技术应用到重大突发事件应急物资的筹运过程中，可以有效地提高工作运行效率。根据我国的实际情况，在当前的物联网技术发展的水平下，主要有两项技术可以运用到应急物资的筹运过程中。其一是射频识别技术(Radio Frequency Identification 或 RFID)，其二是地理信息系统(Geographic Information System 或 GIS)和全球定位系统(Global Positioning System 或 GPS)。

(1)射频识别技术主要可应用于应急物资的存储方面。它与一个数据库相连，其功能包括平常应急物资的入库管理和库存管理，也包括重大突发事件发生后的应急物资的出库管理等。

在日常情况下，政府购入应急物资后就要将物资入库，此时射频识别技术可以自动识别物资并且将物资按照其类别和存储环境要求分别存放。同时，长期存放物资一般都有保质期的限制，该技术能够自动挑出已经过保质期的物资并提示管理人员更换新的物资。另外，随着应急物资存储量的改变，物资存储仓库也可能需要调整结构或者扩充规模，此时该技术也能协助管理人员找到需要转移的物资并保证整个转移工作的有序进行。

在重大突发事件发生后，应急物资需要紧急出库运往受灾地。此时，射频识别技术可以使管理人员能随时跟踪每一件应急物资的状态，并且帮助他们制订最佳的运输方案。更重要的是，使用该技术能够让管理者更迅速地计算出各类应急物资的库存量与需求量的差值。

(2)全球定位系统和地理信息系统主要可用于应急物资的运输方面。它们都是以卫星通讯技术为基础，一般被联合起来使用以达到协助运输工作的目的。而它们的主要区别是，前者则主要由多个终端设备构成，针对的是具体的运输车辆和救援人员；后者本质上是一个计算机信息系统，它一般针对的是应急管理者和决策者。

全球定位系统最主要的功能就是为应急物资运输车辆提供导航。它记录运输车辆和救援人员的所在地，从而可以跟踪每一个应急物资的当前流向。除此之外，通过其与指挥中心的即时通信功能，可以实现指挥中心对运输车辆驾驶员、救援人员进行实时沟通和发布指令。另外，运输车辆驾驶员和救援人员可以将路况信息和受灾地信息回传到指挥中心，使应急管理者和决策者掌握最新的灾情信息。

地理信息系统以监测实时路况为首要任务。其监测方法既包括上面提到的车辆驾驶员和救援人员通过全球定位系统回传的道路信息，更重要的是通过卫星拍摄的灾区图片来获取最新的路况信息。同时，该系统将从全球定位系统中获取的各运输车辆和救援人员在一张区域地图中显示，从而可以监控每个应急物资当前的运输状态。另外，通过全球定位系统获得的受灾地应急物资需求的数据也一并反映在该地理信息系统中。决策者可以根据这些信息来制定应急物资补充征购计划和设计最佳运输路线。

6.4.2 物联网与应急物资筹运决策支持平台的整合框架

物联网技术在重大突发事件应急物资筹运过程中的运用主要是通过

不同类型的多个终端设备来实现的，例如射频识别技术所涉及的有源和无源微波发射和接收装置，全球定位系统所涉及的 GPS 终端信号接收机、地面控制仪器和卫星等等。而这些终端设备所起到的最大作用，就是方便了多类决策数据的搜集工作。而在本书开发的"重大突发事件应急物资筹运的决策支持平台"中，就需要大量的信息录入工作。所以，该决策支持平台与物联网技术的结合是可行甚至高效的。

基于这个思想，本书提出将物联网的相关技术与"重大突发事件应急物资筹运的决策支持平台"进行有机整合的框架，如图 6-10 所示。整合之后的新决策支持平台将能有效地把应急物资、救援人员、决策者和计算机人工智能融为一个大系统，使得其中的信息传递和处理的速度显著提高，从而极大地提升应急物资的准备、调度和运输工作的运行效率。

图 6-10 所显示的整合框架把重大突发事件应急物资筹运流程分为六个部分：物资购买、物资入库、库存管理、物资出库、物资补充和物资运输。其中，前三个部分是日常情况下的工作任务，后三个部分是重大突发事件发生后的工作任务。射频识别技术被应用于物资入库、库存管理和物资出库三个部分，而地理信息系统和全球定位系统则都被应用与物资运输部分中。物联网的这三个核心技术取代了原来利用人工调查和记录的方式，通过这些技术所得到的即时信息首先都被自动录入到应急物资筹运决策支持平台中的信息发布平台上。然后，再由信息发布平台转到物资准备平台、专家评估平台以及物资调用平台等决策平台上，从而对相关人员提供决策数据支持。这样在大大缩短信息传输时间的同时，也极大地方便了计算机人工智能算法的调用：甚至在某些环节可免去人工输入数据的工序，而直接将各终端收集到的数据进行运算加工，输出对决策者有直接帮助的决策建议。

显然，搭建该决策支持平台需要大量的资金投入和长时间的设备安装工作。但在射频识别技术已经广泛应用到了各行各业、地理信息系统与全球定位系统的终端已经出现在家用轿车和移动通讯设备上的今天，实现这样的决策支持平台并不是十分困难的任务。

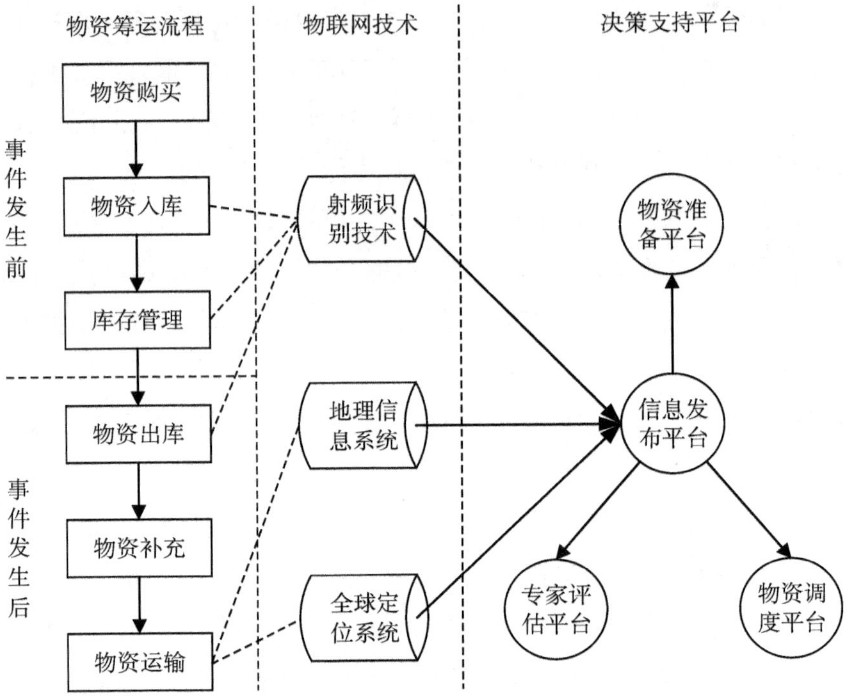

图 6-10　物联网技术与决策支持平台的整合框架

本章小结

本章首先阐述了重大突发事件应急物资筹运决策的特征，包括时间压力大、多领域专家合作决策、决策连续更新、复杂程度高和人类智能与机器智能结合等。接着，分析了重大突发事件应急物资筹运决策过程的关键影响因素，即部门协调程度、政府反应速度和经验积累速度等，又给出了重大突发事件应急物资筹运的总体决策流程。然后提出了基于互联网的应急物资筹运的集群决策模式以及应急物资需求初判的 Agile-Delphi 决策流程和算法程序。随后，本章设计了基于 ASP. NET 和 SQL Server 的重大突发事件应急物资筹运的决策支持平台，该平台整合了本书前面的章节所提出的所有算法和原理，从而使其能够被用于实践中。最后，本章将射频识别技术、地理信息系统和全球定位系统等物联网的关键要素与该决策支持平台结合，提出了基于物联网的应急物资筹运的决策支持平台的整合框架。

第 7 章

案例分析：以中国雅安地震为例

7.1 案例概述

北京时间2013年4月20日8时02分46秒，中国四川省雅安市芦山县(北纬30.3，东经103.0)发生强烈地震。震中距四川省会成都市约100千米。据中国地震局测定，此次地震震级为7.0级，震源深度为13千米；据美国地质调查局和日本气象厅测定，地震震级为6.6级，震源深度为15千米。中国科学院评估此次地震的烈度为IX度，受灾区域面积高达1.572万平方公里。除了四川省以外，周边省市如重庆市、陕西省、贵州省和云南省也均有震感。据统计，该地震最终共造成四川省直接经济损失851.71亿元，并导致152万人受灾，196人死亡。灾区的地貌、生态、水利、通讯、电力、交通等均遭到严重破坏。

此次地震的受灾地区主要包括四川省芦山县、宝兴县、天全县、雨城区、名山县、邛崃市、大邑县、康定县、泸定县、丹棱县和蒲江县等11个地区。如图7-1所示。地震发生后，应急物资的集散地被设置在了成都。几乎所有的应急物资都在成都集中并从那里分别运送到了各个受灾地。据统计，此次地震共需要应急物资的类型和数量如表7-1所示。其中各受灾地区对帐篷、棉被和饮用水等应急物资的需求最为急迫。

表7-1　　　　雅安地震应急物资需求情况

应急物资	需求量
帐篷	6万顶

续表

应急物资	需求量
棉被	15.7 万床
饮用水	125.2 万瓶
彩条布	10 车
衣物	31.3 万套
雨衣雨鞋	2000 件
粮食(按 10 天计)	31.3 万斤
急救药品	2000 人份

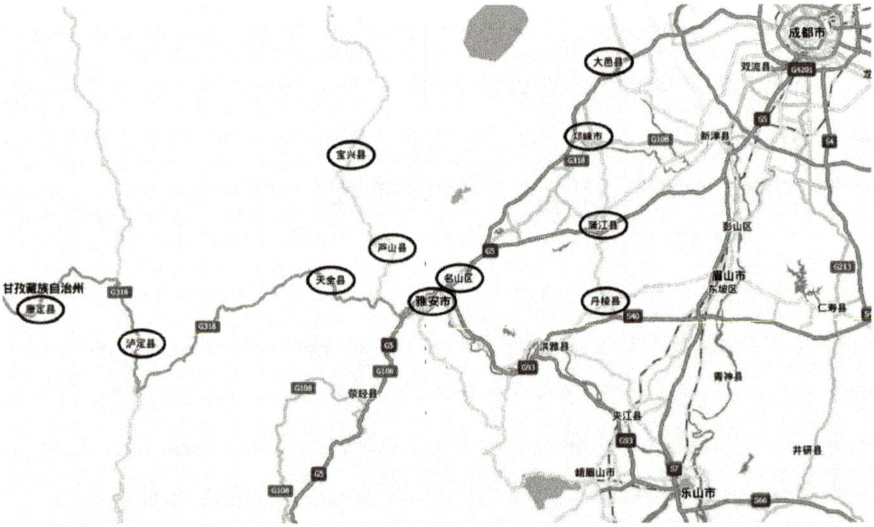

图 7-1　雅安地震灾区地图

在地震发生之后，我国政府迅速启动了救灾应急方案。在灾区周边驻扎的部队在地震发生 15 分钟后就率先展开了救援。然后，国家测绘地理信息局向政府提供了有关地震和灾区的信息，随后政府的多个部门分别启动了救灾应急响应，各自在职权范围内展开工作。随后，受灾地所在军区在地震发生 1 小时之后接到中央军委的命令，立即投入大量兵力加入救援。截至地震发生后的 7 个小时，投入救援一线的兵力就超过 7000 人，救援直升机达 40 多架。社会各地的民间救援力量也自发地加入到救援工作中，但是由于这些民间救援工作没有和官方的救援工作协调好，导致前往灾区的道路一度拥堵不堪。最后当地地方政府禁止了民间救援人员自行前往灾区。另外，我国政府也不允许外国的救援队伍参与救援。雅安地震的实际应对过程如图 7-2 所示。

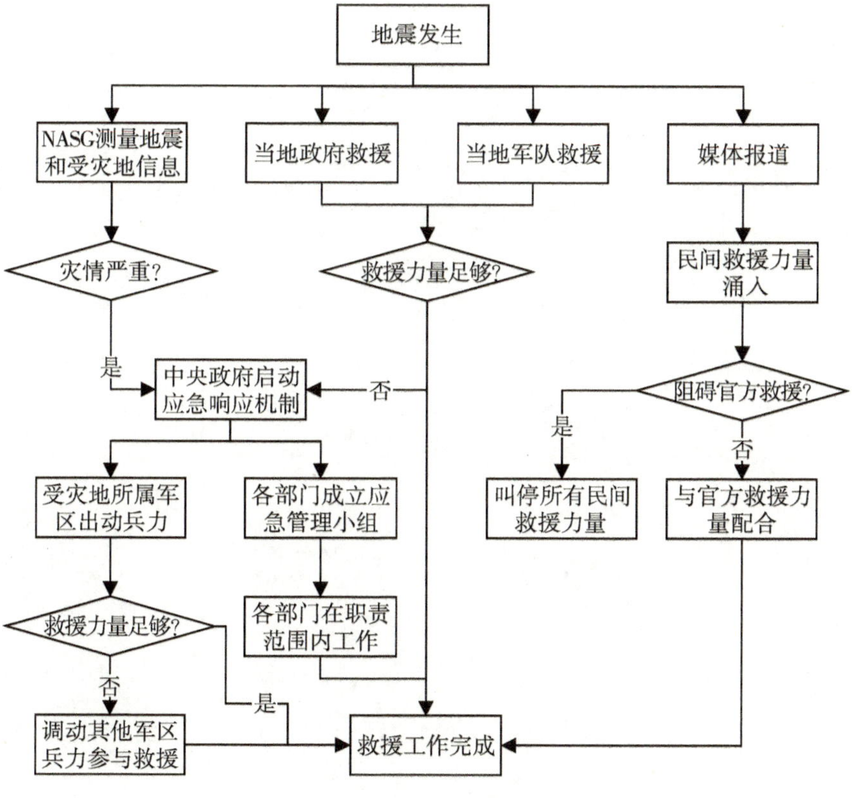

图 7-2 雅安地震的实际应对过程

从事后的分析来看，地震发生之后政府的响应速度并不快，这主要是因为政府没有做好应对类似事件的准备；灾区与政府之间的信息传递速度也不快，我国还没有一套应对地震的完整的信息获取和处理机制；应急物资的供应速度很慢、供应量严重不足，这是因为我国没有准确的估计突发事件可能造成的损失，并且拒绝了大部分外国援助。

7.2 雅安地震应急物资预先准备的种类和数量

地震前57天，四川省地震局测绘工程院根据一系列实地考察数据预测：2月25日至5月10日之间，雅安一带将发生6~6.9级地震。此次预测可为政府应急管理部门进行应急物资的准备提供帮助。

基于预测的结果，当地应急管理部门应该根据实际情况和以往的经验，判断出可能需要的应急物资的种类和数量。在了解到应急物资需求的种类、数量、价格和存储成本后，就可应用“应急物资预先准备模型”计算最优的准备策略。由于在实际情况下，该模型的变量很多，人工计算是难以完成的，所以本节利用运用“重大突发事件应急物资筹运的决策支持平台”中的“准备策略计算”模块对不同情况下的最优准备策略进行仿真。现以应急物资仅包括帐篷、棉被、饮用水为例。为了使仿真结果更好地显示，取帐篷的单位为1顶，棉被的单位为10床，饮用水的单位为100瓶。在仿真结果图中，黑线表示帐篷的需求量，蓝线表示棉被的需求量，红线表示饮用水的需求量。帐篷、棉被和饮用水日常订购的单价分别为：帐篷700元，棉被120元，饮用水1元。

假设各类应急物资的单位存储费为其单价的10%；1顶帐篷，10床棉被和100瓶饮用水占用相同的存储空间；各种应急物资的预测需求量服从一定范围内的均匀分布，其下限为$(1-k_i)R_i$，上限为$(1+k_i)R_i$，R_i为第i种物资的预先估计的需求量。

(1)政府提供给应急物资预先准备的财政资金数量直接决定各种应急物资的准备量。在准备应急物资的时候，有时是以期望支出最少作为首要目标，有时则以应急物资准备能满足实际需求的概率(下文称为“安全概率”)大于一定值，即保证安全为首要目标。假设应急物资补充征购的价格为平常价格的150%；k_i设为0.2；安全概率设为0.9；仓库容量的暂时定为无限大。改变应急物资准备的财政资金E，得到两种情况下的帐篷、棉被和饮用水的最优准备量的变化趋势，仿真结果如图7-3所示。

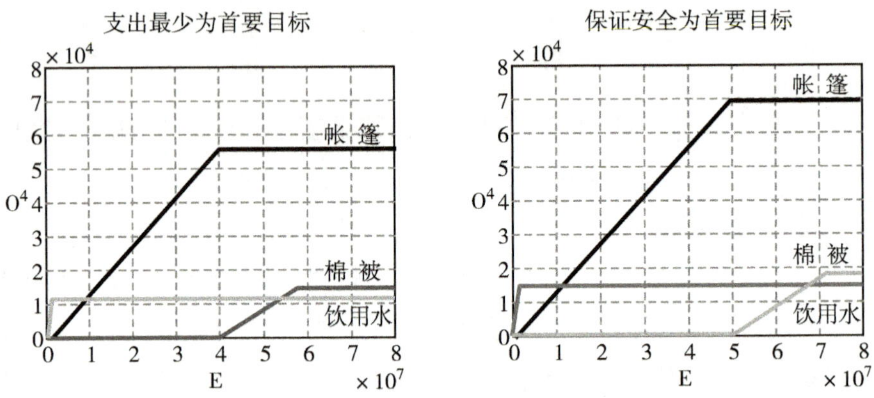

图7-3　应急物资准备的财政资金带来的影响

从图7-3中可以看出，无论是以支出最少为首要目标还是以保证安全为首要目标，饮用水都是首先要准备的物资，当饮用水的物资得到满足时，再开始准备帐篷，最后再准备棉被。三种应急物资最终都会稳定在一个值上。不同的是，当以支出最少为首要目标时，帐篷、棉被和饮用水的最优预先准备量分别稳定在5.6×10^4、1.1×10^4和1.4×10^4上；而以保证安全为首要目标时，帐篷、棉被和饮用水的最优预先准备量较多，分别稳定在7×10^4、1.5×10^4和1.8×10^4上。

(2)由于应急物资补充征购的价格对于应急管理部门来说是无法准确估计的，因此下面研究各种应急物资补充征购的价格如何影响最优的准备策略。此时，分两种情况来模拟各种应急物资的最优准备量：第一种情况是政府的在应急物资准备方面的财政资金E足够多和仓库容量S足够大；第二种情况是财政资金和仓库容量有限，分别设为$E=4\times10^7$，$S=$

6×10^4。改变应急物资补充征购的价格 P_{i2} 变量，控制其他变量，将期望支出最少作为首要目标，将保证安全作为次要目标，得到的仿真结果如图 7-4所示。图中 P_{12}，P_{22}，P_{32} 分别表示帐篷、棉被、饮用水补充征购的价格。

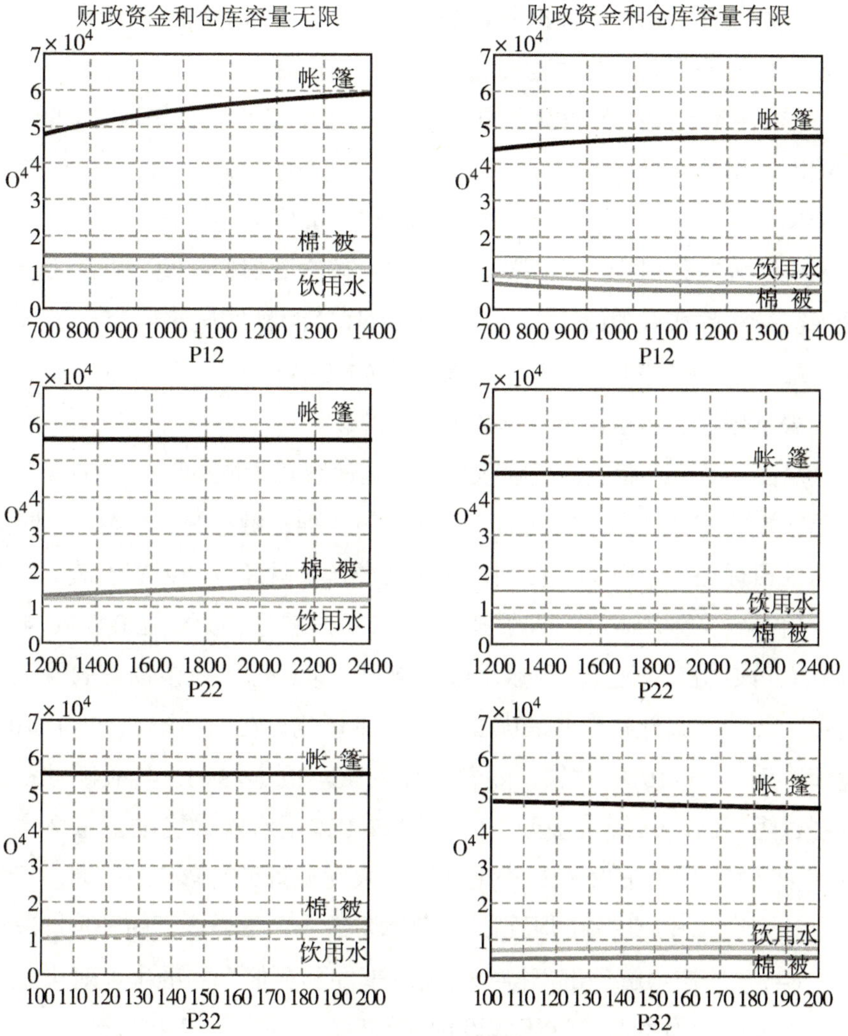

图 7-4 应急物资补充征购价格带来的影响

从图 7-4 可以看出，在财政资金和仓库容量无限的时候，一种应急物资的补充征购价格上升，会导致该物资的最优准备量上升，而其他两种物资的最优准备量则不受影响。在财政资金 $E=4\times10^7$，仓库容量 $S=6\times10^4$的时候，帐篷的补充征购价格上升，会导致帐篷的最优准备量上升，同时棉被和饮用水的最优准备量下降；但是，棉被和饮用水的补充征购价格上升，却对最优准备量的影响很小。总体而言，由于财政资金和仓库容量的限制，应急物资的准备量会有所减少。

(3)在确定此次可能发生的地震(实际上即发生了雅安地震)的应急物资准备量的时候，如果设：准备量的安全概率为 x，那么 $x>0.9$ 和 $x>0.8$ 这两种要求所对应的应急物资预先准备量将不会相同。此时，以保证安全作为首要目标，将期望支出最少作为次要目标，也分财政资金和仓库容量无限和有限($E=4\times10^7$，$S=6\times10^4$)两种情况来研究当 x 改变时，最优准备量的变化情况。仿真结果如图 7-5 所示，图中 x_1，x_2，x_3 分别表示帐篷、棉被、饮用水的安全概率。

从图 7-5 可以看出，当财政资金和仓库容量无限的时候，随着一种应急物资的安全概率 x 的增加，起初其最优准备量不变。显然，这时的安全性目标还不足以构成影响，即最优准备量就是以期望支出最少作为唯一目标而得到的。在 x 大于某一个值(可以看出，大概在 0.3～0.4 之间)时，该物资的安全性目标开始影响到决策，结果是该物资的最优准备量上升，但其他物资的最优准备量不受影响。在财政资金 $E=4\times10^7$，仓库容量 $S=6\times10^4$的时候，随着帐篷的安全概率增加，其最优准备量在经过短暂波动后缓慢上升，同时棉被和饮用水的最优准备量缓慢下降。棉被和饮用水的安全概率变化，对最优准备量的影响不明显。但由于财政资金和仓库容量的限制，应急物资的准备量会少于前一种情况。

(4)政府应急管理部门得到的突发事件预测信息的准确性对应急物资的准备也会有影响。这里假设预测信息的准确性会直接导致 k_i变化。准确性越高，k_i越小，反之则越大。此时，仍然以保证安全作为首要目标，将期望支出最少作为次要目标，也分财政资金和仓库容量无限和有

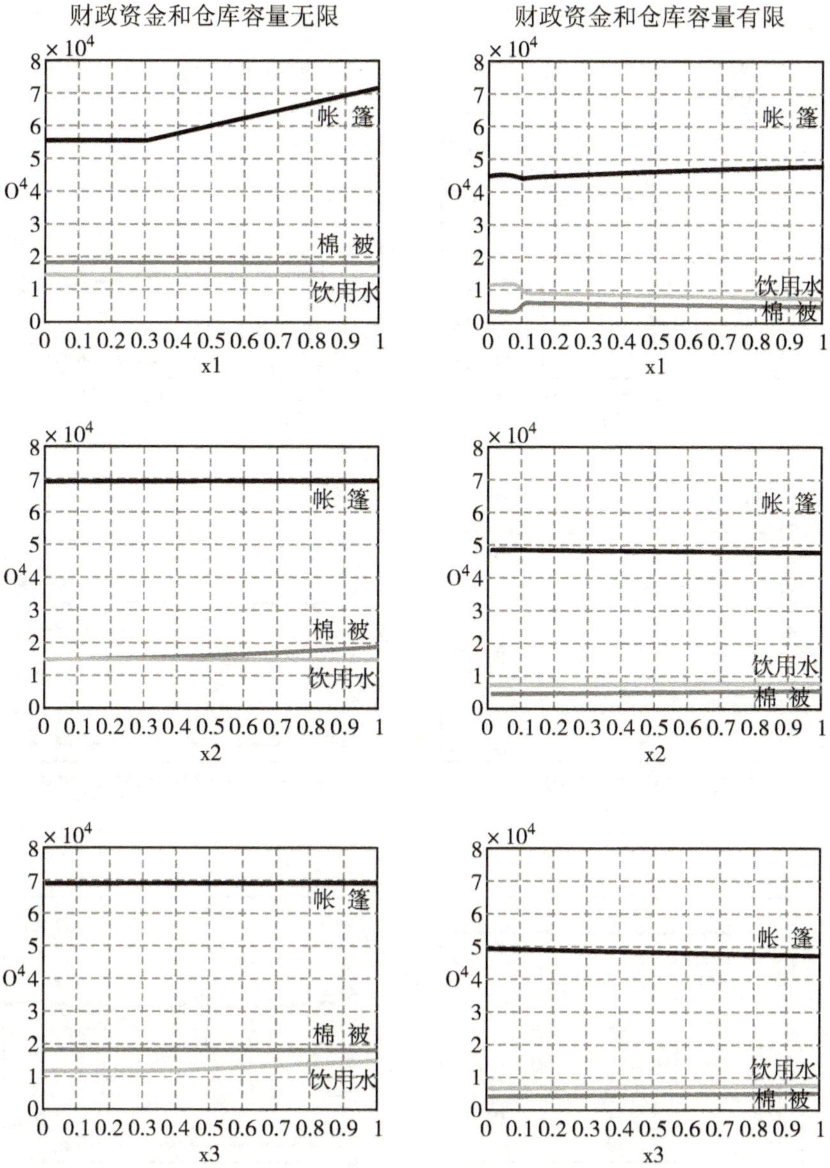

图 7-5 应急物资安全概率带来的影响

限($E=4\times10^7$，$S=6\times10^4$)两种情况，改变 k_i 同时控制其他变量，来模拟三种应急物资最优准备量的变化情况。仿真结果如图 7-6 所示。

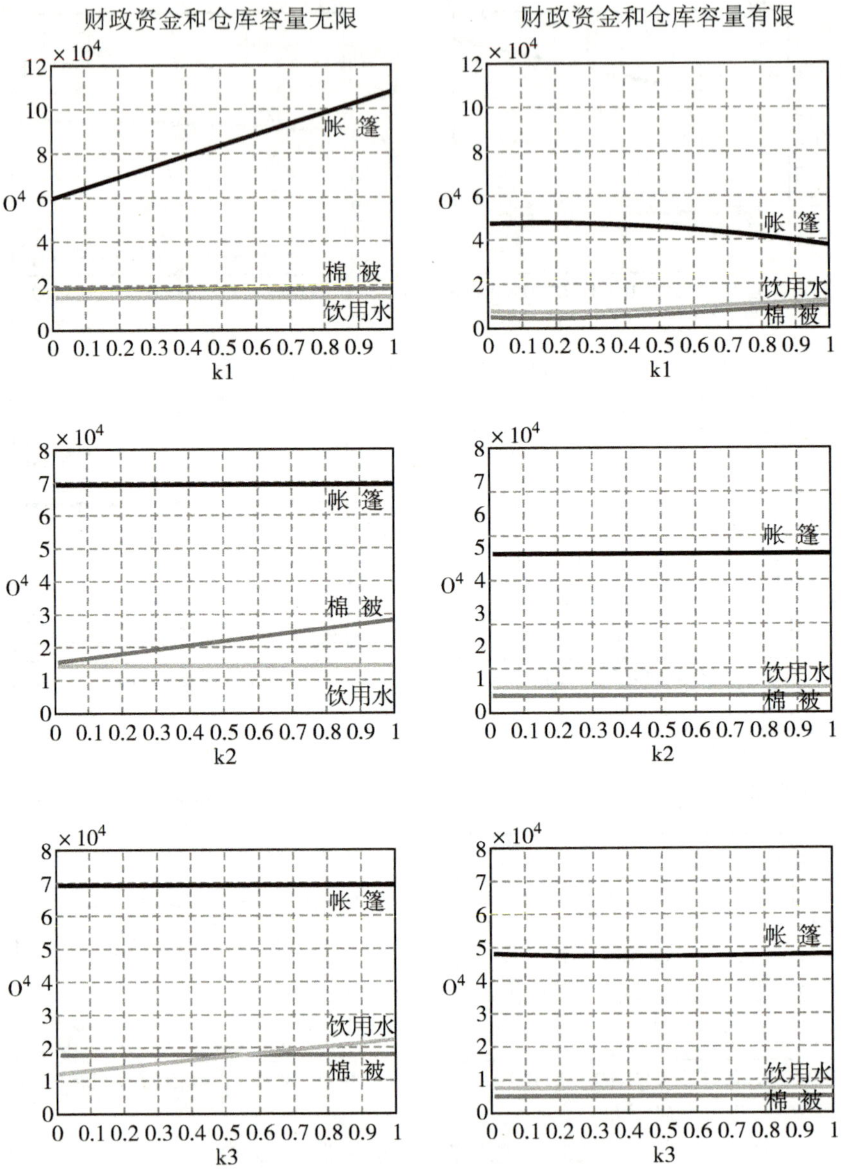

图 7-6 突发事件预测信息的准确性带来的影响

从图 7-6 中可以看出，当财政资金和仓库容量无限的时候，各种物

资对应的 k 值对其自身的最优准备量有正向影响，对其他物资的最优准备量没有影响。换句话说，如果某种物资的预测不准确，则其需要的准备量就越多。在财政资金 $E=4\times10^7$，仓库容量 $S=6\times10^4$ 的时候，帐篷对应的 k 值增大，会导致其自身的最优准备量下降，同时棉被和饮用水的最优准备量上升。但是，棉被和饮用水对应的 k 值变化，对最优准备量的影响却不明显。但这个时候，全部的应急物资的准备量会由于财政资金和仓库容量的限制而减少。

7.3 雅安地震应急物资补充征购与订购的仿真

在雅安地震发生后，应急部门发现预先存储的应急物资数量不能满足救灾的需要，所以决定补充征购一批物资。政府工作人员通过“重大突发事件应急物资筹运的决策支持平台”中的“物资征购辅助”模块在政府官方网站中发布应急物资的补充征购信息，并且主动与数据库中的目标供应商取得联系，以确认其供应能力和意愿。在找到合适的供应商之后，政府即刻与之就应急物资的价格和质量进行谈判。政府在与供应商谈判的时候，应该遵循本书给出的“WRAD”原则，即(1)确保给出的低价不能过低；(2)拉开给出的高价与低价之间的距离；(3)在选择供应商并依次进行谈判时，应遵循“从大到小选择，从小到大谈判”的原则。在时间充裕，相关数据比较容易获得的情况下，政府可以根据前面的算法计算出最优的高价和低价，以及与各个供应商成功谈判的概率。

假设在救灾过程中，政府发现缺少10000顶应急帐篷，需要紧急向供应商征购。帐篷有高质量和低质量的两种类型，其成本分别为2万元和1万元。由于供应商需要紧急加班调货和生产，所以需要支付给工人固定加班费1万元。如果帐篷因为质量不合格而无法使用，政府需要额外支付2万元以更换其他帐篷。高质量的帐篷不合格的概率为0.1；低质量的帐篷不合格的概率为0.2。如果政府决定不跟当前的供应商合作而寻找其他供应商，会浪费一定的救援时间，造成的经济损失折合30万元。高质量的帐篷比低质量的帐篷更能有效保证灾民的安全生活，而顺利救助灾民也可以看成政府的收益，则两种帐篷给政府带来的收益折合 50 万元和 40 万元。在政府给出高价的情况下，供应商对于该交易更加积极，从而供货速度会较政府给出低价的情况高。本部分将这两种供货速度转换为帐篷的实际救援效果的系数，分别设为 1 和 0.7。各种情况下的交易概率系数设为 $g1=0.8$，$g2=0.9$，$g3=0.1$。为了方便计算，假设共有 10 家供应商，它们之间只有供应能力不同，其供应能力分别为 4000，3700，3300，3000，2700，2300，2000，1700，1300，1000。将它们依次编号为 1，2，…，10 号。

在此案例中，由于前三个供应商的供给能力总和恰好超过需求量，所以政府首先依次与 3 号、2 号和 1 号供应商谈判。基于政府需要以低价格购入高质量的帐篷的方针，根据前面的算法求得政府第一轮谈判的最优高价和低价，以及各个供应商的成功谈判的概率，如表 7-2 所示。

表 7-2　　**第一轮谈判计算结果**

	3 号供应商	2 号供应商	1 号供应商
成功谈判的概率	0.27	0.38	0.62
政府给出的低价	9	7.6	7.8
政府给出的高价	21.6	19.6	18.9

假设在第一轮谈判之后，政府与 2 号和 3 号供应商的谈判失败，而仅与 1 号供应商的谈判成功。所以政府必须进行第二轮谈判，由于此时帐篷的供应缺口为 70，所以政府再选择 4 号、5 号和 6 号供应商，再依次与 6 号、5 号和 4 号供应商谈判。同理可算得政府第二轮谈判的计算结果，如表 7-3 所示。

如果该轮谈判仍然没有满足需求，则进行下一轮的谈判，相应的政府谈判的最优高价和低价，以及各个供应商的成功谈判的概率，按照上述方法可以求得。

表 7-3　　**第二轮谈判计算结果**

	6 号供应商	5 号供应商	4 号供应商
成功谈判概率	0. 30	0. 50	0. 80
政府给出的低价	7. 5	7. 1	8
政府给出的高价	19. 8	18. 5	18. 5

在这个过程中，假设政府对某个供应商给出两种购买价格，分别是 10 万元和 5 万元；政府出高价且供应商选择提供高质量的帐篷时，或政府出低价且供应商选择提供低质量的帐篷时，物资交易成功率为 0. 6；政府出低价且供应商选择提供高质量的帐篷时，物资交易成功率为 0. 8；政府出高价且供应商选择提供低质量的帐篷时，物资交易成功率为 0. 2。

此时，因为：

$$\frac{w_1}{w_2} > \frac{p_2 - c_1 - v}{p_2 - c_2 - v}$$

所以有纳什均衡解：

$$\begin{cases} x=0, & y<\dfrac{1}{14}\text{时} \\ x=1, & y\geqslant\dfrac{1}{14}\text{时} \end{cases}$$

又因为：

$$\begin{cases} w_1-w_3>\dfrac{(s_1-s_2)r_2-p_1+p_2}{u} \\ w_2-w_1<\dfrac{(s_1-s_2)r_1-p_1+p_2}{u} \end{cases}$$

所以有纳什均衡解：

$$\begin{cases} y=0, & x<\dfrac{5}{9}\text{时} \\ y=1, & x\geqslant\dfrac{5}{9}\text{时} \end{cases}$$

所以，可以画出供应商和政府进化博弈的复制动态和稳定性关系图，如图 7-7 所示。由该图可知，如果博弈的初始值落入矩形 *OABC* 中，那么其进化稳定策略为(0，0)；如果博弈的初始值落入矩形 *BDFE* 中，那么进化稳定策略为(1，1)。

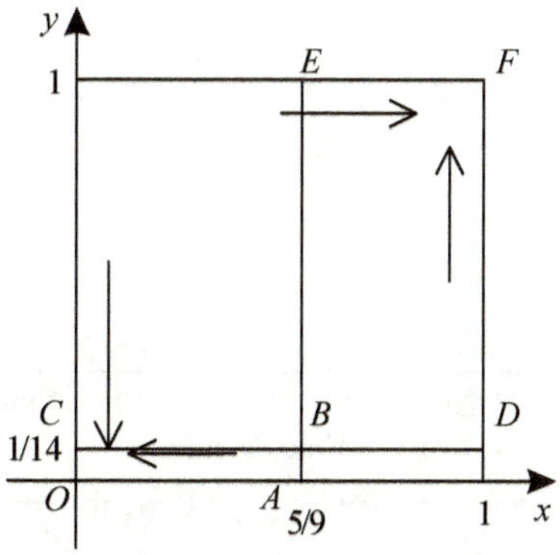

图 7-7　供应商和政府的进化博弈复制动态和稳定性

接下来对政府和供应商的议价博弈过程进行仿真。设供应商和政府在初始时刻对于交易是否成功没有倾向性，即 $x=0.5$；$y=0.5$。系统的仿真结果如图 7-8 所示，从图中可以清楚的看到最终的博弈结果是政府给出高价且供应商提供高质量的帐篷。从图中两条曲线的走势，可以做出如下分析：对于供应商来说，其做出“提供高质量的帐篷”的选择始终没有改变。对于政府来说，在一开始却倾向于做出“给出低价”的选择，但经过短暂犹豫后，立刻改变主意给出高价。并且政府对于“给出高价”这个决策的坚定程度甚至还超过了供应商对于“提供高质量的帐篷”的决策。此结果可以解释为，供应商首先表现出了提供高质量的帐篷的意愿倾向，但还未最终确定；政府一开始不知道供应商会提供什么质量的帐篷时，倾向于给出低价以控制财政支出，但获知供应商愿意提供高质量的帐篷的信息后，政府立刻改变策略，给出高价以鼓励其提供高质量的帐篷。最终，双方达成共识，政府给出高价购买供应商的高质量帐篷。

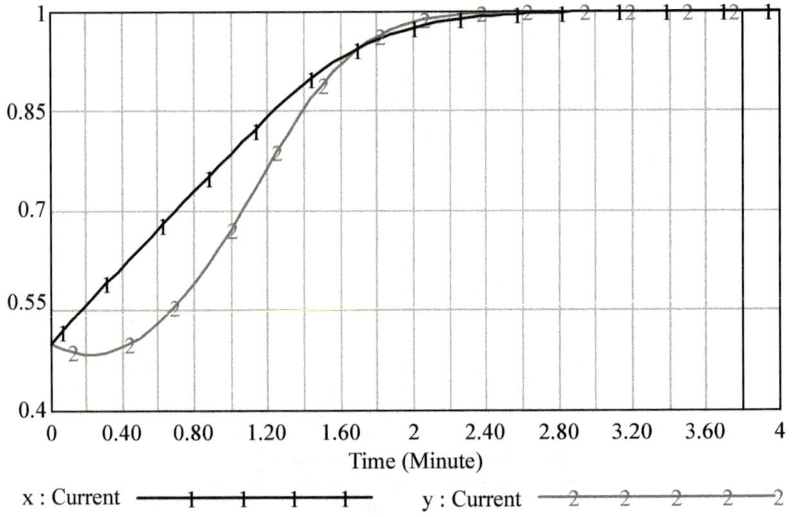

图 7-8　应急物资补充征购谈判仿真结果

同时，政府工作人员利用“重大突发事件应急物资筹运的决策支持平台”中的“物资需求预测”模块对震后 72 小时以内的帐篷、棉被和饮用水的订购、供给和运输情况进行大致仿真，系统参数根据实际情况设置。下面将仿真结果跟实际数据进行比对。

(1)对帐篷的订购、供给和运输仿真情况如图 7-9 所示。实际的供应情况与仿真情况对比，如表 7-4 所示。

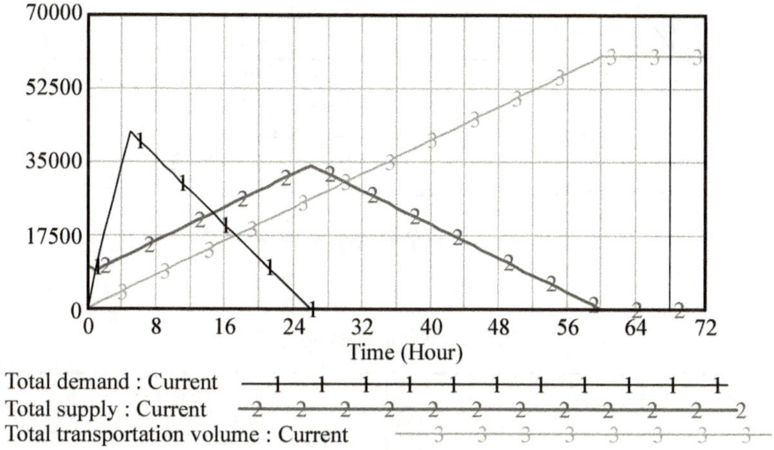

图 7-9 帐篷的补充征购情况仿真

表 7-4 **帐篷的补充征购数据对比**

实际情况	仿真情况
震后 3 小时，需求帐篷 30000 顶	震后约 3.5 小时，需求帐篷 30000 顶
震后 16 小时，供应帐篷 20000 顶	震后 15 小时，供应帐篷 20000 顶
震后 37 小时，供应帐篷 15000 顶	震后 45 小时，供应帐篷 15000 顶
震后 64 小时，运输帐篷 60000 顶	震后 64 小时，运输帐篷 60000 顶

(2)对棉被的订购、供给和运输仿真情况如图 7-10 所示。实际的供应情况与仿真情况对比，如表 7-5 所示。

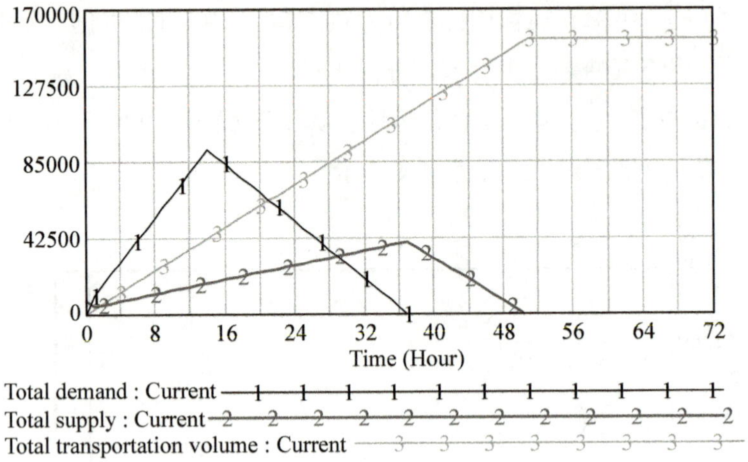

图 7-10 棉被的补充征购情况仿真

表 7-5 **棉被的补充征购数据对比**

实际情况	仿真情况
震后 3 小时，需求棉被 50000 床	震后约 7.5 小时，需求棉被 50000 床
震后 16 小时，供应棉被 20000 床	震后 18 小时，供应棉被 20000 床
震后 37 小时，供应棉被 50000 床	震后 37 小时，供应棉被 40000 床
震后 64 小时，运输棉被 157000 床	震后 64 小时，运输棉被 157000 床

(3)对饮用水的订购、供给和运输仿真情况如图 7-11 所示。实际的供应情况与仿真情况对比，如表 7-6 所示。

表 7-6 **饮用水的补充征购数据对比**

实际情况	仿真情况
震后 3 小时，需求饮用水 600000 瓶	震后 3 小时，需求饮用水 560795 瓶
震后 16 小时，供应饮用水 1000000 瓶	震后 17 小时，供应饮用水 9700000 瓶

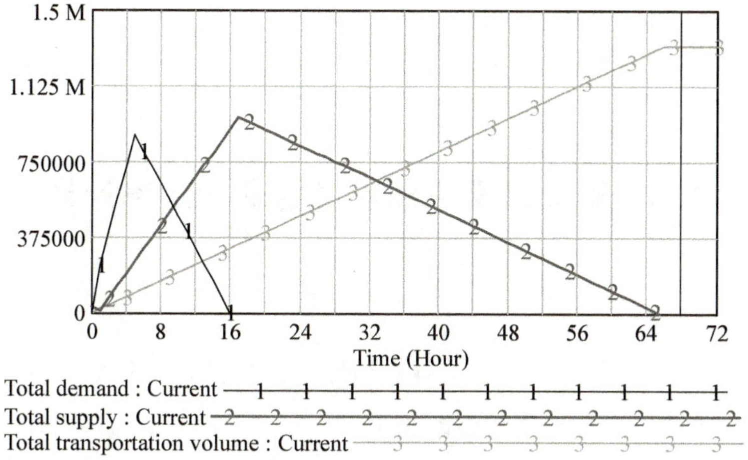

图 7-11 饮用水的补充征购情况仿真

续表

实际情况	仿真情况
震后 37 小时，供应饮用水 550000 瓶	震后 37 小时，供应饮用水 570000 瓶
震后 64 小时，运输饮用水 1252000 瓶	震后 64 小时，运输饮用水 1260000 瓶

从以上的仿真结果可以看出，利用本书提出的突发事件应急物资补充征购模型预测的数据基本实际数据吻合。从而政府工作人员可以根据此预测数据大致确定在当前情况下，政府应急物资的拥有量是否可以满足救灾需求。

7.4　雅安地震应急物资的最优运输计划

在获得了应急物资之后，就应该制定最优的运输计划。这里采用"重大突发事件应急物资筹运的决策支持平台"中的"运输策略计算"模块。在使用该模块之前，必须得到物资集散地到受灾地之间，以及各个受灾地之间的物资运输车辆通过时间。在事件发生后不久，专家们第一次制订最优运输计划时，一般还没有灾区及其周边的路况信息，所以可以采用日常通过这些路段所需的时间来计算，等到相关信息搜集到了之后，再对原计划进行调整。那么，工作人员组织专家通过灾区交通地图利用"重大突发事件应急物资筹运的决策支持平台"中的"线路耗时评估"模块来计算成都和全部 11 个受灾地两两之间的交通运输时间，如表 7-7 所示。

表 7-7　　各地之间物资运输所需时间(分钟)

	成都	芦山	宝兴	天全	雨城	名山	邛崃	大邑	康定	泸定	丹棱	蒲江
成都	0	147	211	152	105	97	74	57	363	287	91	62
芦山	147	0	65	56	51	56	105	122	266	192	135	97
宝兴	211	65	0	120	115	120	169	186	330	256	199	162
天全	152	56	120	0	55	62	109	126	216	140	139	102
雨城	105	51	115	55	0	17	64	82	262	186	94	56

续表

	成都	芦山	宝兴	天全	雨城	名山	邛崃	大邑	康定	泸定	丹棱	蒲江
名山	97	56	120	62	17	0	56	72	272	196	86	49
邛崃	74	105	169	109	64	56	0	34	318	243	88	49
大邑	57	122	186	126	82	72	34	0	334	259	110	72
康定	363	266	330	216	262	272	318	334	0	83	350	313
泸定	287	192	256	140	186	196	243	259	83	0	276	239
丹棱	91	135	199	139	94	86	88	110	350	276	0	77
蒲江	62	97	162	102	56	49	49	72	313	239	77	0

据统计，在该地震的前期救援工作中，共运送粮食约157吨，其中重灾区芦山县、宝兴县和天全县分别运送了30吨左右。下面专门计算粮食的最优运输策略，暂不考虑粮食跟其他应急物资的配合运输问题。假设在地震发生后的第一时间内，应急部门能够立即调动的用于运输粮食的卡车有2辆，载重量均为35吨(下文简称1号车和2号车)，还有一辆载重量为20吨的卡车(下文简称3号车)拟从外地紧急调来，但要半小时之后才能抵达集散地。下面应用“运输策略计算”模块来得到以下两种情况的应急物资最优运输方案。为了保证运算速度，在此次运算中，将运输车辆往返各地所需的时间视为固定值。同时，设置蚂蚁数量为10，信息重要程度为0.5，启发重要程度为0.5，信息遗忘速度为0.5，信息强度为1，迭代次数为50。

(1)应急部门在第一时间收到了关于各受灾点对救灾粮食需求量的初始信息，如表7-8所示。随后，应急部门让1号车和2号车率先出发前往受灾地，而3号车在到达集散地之后再出发。1号车和2号车从出发地到各灾区的预期运输时间可以通过表7-7得出；3号车的预期运输时间可以认为是在1号车和2号车的运输时间基础上，增加了30分钟。

表 7-8　　　　**各受灾地的救援粮食初始需求量(吨)**

芦山	宝兴	天全	雨城	名山	邛崃	大邑	康定	泸定	丹棱	蒲江
14	10	13	24	19	20	22	10	5	8	12

为了得到应急物资的最佳供应策略，应急部门用“运输策略计算”模块对上述情况进行分析。得到最优运输方案为：1 号车首先依次供应芦山县、宝兴县和天全县，然后返回成都补充物资，再依次供应邛崃市和大邑县；2 号车首先依次供应雨城区、名山县和邛崃市，然后返回成都补充物资，再依次供应康定县、泸定县、丹棱县和蒲江县；3 号车依次供应天全县和雨城区。其中，雨城区是由 2 号车和 3 号车共同供给的，邛崃市是由 1 号车和 2 号车共同供给的，天全县是由 1 号车和 3 号车共同供给的。其余受灾地的救援粮食都仅由一辆车、一次供给。各车辆的运输路线示意图如图 7-12 所示。

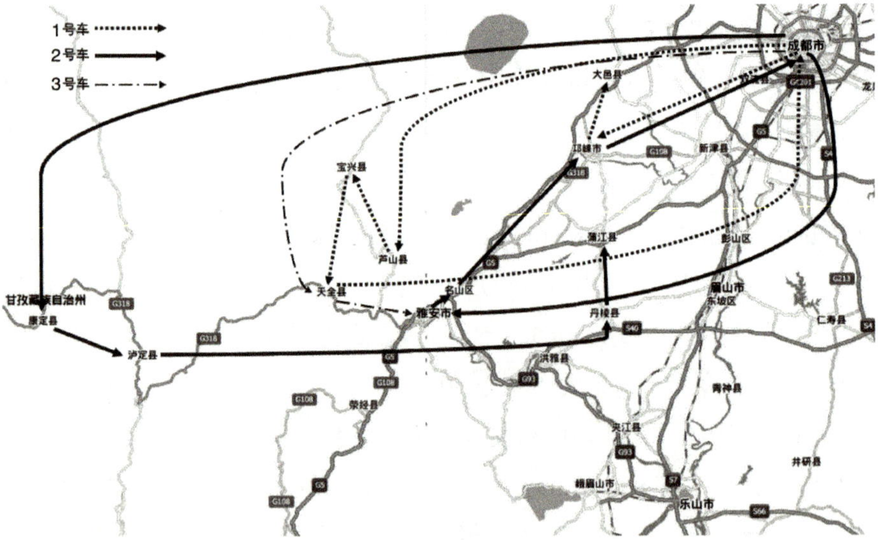

图 7-12　初始最优运输策略示意图

(2)在1号车和2号车出发一小时后，应急部门收到了受灾地粮食需求的修正信息，如表7-9所示。此时，各车辆从当前地点到各受灾地的预期运输时间如表7-10所示。这就变成了一个多集散地的问题。

表7-9　　　　各受灾地的救援粮食修正需求量(吨)

芦山	宝兴	天全	雨城	名山	邛崃	大邑	康定	泸定	丹棱	蒲江
34	30	23	14	9	10	12	5	5	8	7

表7-10　　　　各车辆从修正地到各灾区的运输时间(分钟)

	芦山	宝兴	天全	雨城	名山	邛崃	大邑	康定	泸定	丹棱	蒲江
1号车	87	221	172	115	87	84	67	313	237	61	54
2号车	123	234	111	45	127	44	62	300	232	113	62
3号车	137	212	122	145	143	124	67	333	327	101	82

此时，为了尽快修正先前的粮食供应策略，应急部门立即运用本书提出的算法和程序对当前情况进行分析。得到的修正后的最优运输方案改变为：1号车首先仍供应芦山县，然后返回成都补充物资，再依次供应大邑县、康定县、泸定县、丹棱县和蒲江县；2号车的首个供应地变为宝兴县，然后依次供应天全县和雨城区，在返回成都补充物资后，补足雨城区的需求，再依次供应名山县、邛崃市和大邑县；3号车将供应地改为宝兴县。其中，宝兴县是由2号车和3号车共同供给的；大邑县是由1号车和2号车共同供给的；雨城区是由2号车分两次完成供给的。其余受灾地的救援粮食都仅由一辆车、一次供给。各车辆的运输路线示意图如图7-13所示。

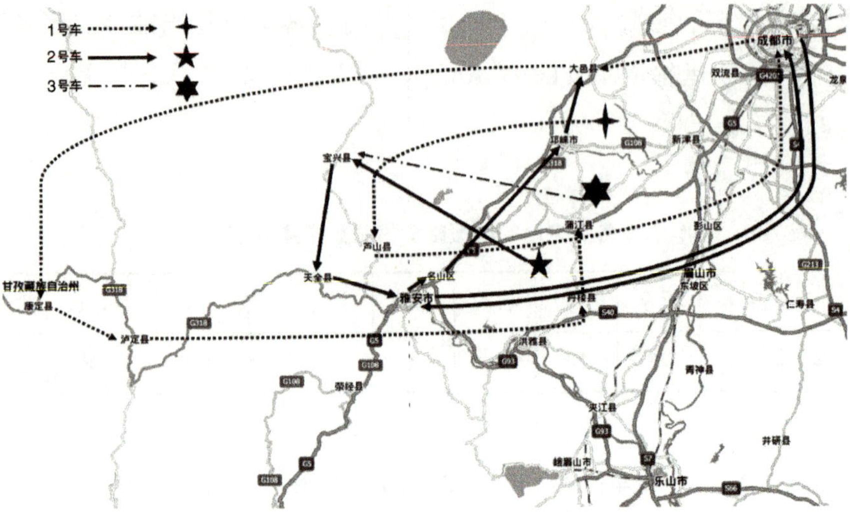

图 7-13 修正的最优运输策略示意图

7.5 雅安地震应急物资准备与调度流程的优化方案

因为此次地震的破坏力很大，所以地震发生后，中国国家地震局立即将地震的相关参数报告国务院，灾区地方政府在调查了地区受灾情况后，也向国务院请求援助。一小时后，国务院成立了地震应急决策小组，并且派遣其所辖各政府部门和空军对地震相关信息进行收集。在收集了信息之后，国务院工作人员请地质、应急管理、医疗等领域的专家在“重大突发事件应急物资筹运的决策支持平台”上利用“物资类型评估”模块对灾区所需的应急物资的种类进行预判，然后用“物资数量评估”模块确定各类应急物资的需求数量。在这个过程中，工作人员在“重大突发事件应急物资筹运的决策支持平台”中的“灾情基本信息”模块和“待命物资信息”模块中，将当前所获得的全部相关信息提供给专家，供专家参考决策。

这全部类型的物资都有日常库存，但是由于此次地震破坏力强大，所以应急物资库存量大部分不足以满足救灾需求。粮食是这些应急物资中最先得到的，因此是第一批需要运输的应急物资。因为地震刚发生不久，关于通往各个受灾地的道路路况信息还不足够，所以工作人员暂时以日常通过这些道路的所需时间为基础，利用“运输策略计算”模块计算出最优的运输线路，并且得到各车辆返回受灾地的最小时间间隔为90分钟。在后面的每次路况信息更新时，工作人员都会在“重大突发事件应急物资筹运的决策支持平台”中的“实时路况信息”模块中对专家和决策者公布最新的情况。

一般在灾后 24 小时内，由于信息的不断更新以及次生突发事件的发生，应急物资的需求种类和数量是不断变化的，所以政府会分多批次向受灾地供给应急物资以持续满足其需求。假设这段时间共须准备 100 批应急物资，每批物资运输的时间长于准备的时间，每批物资准备的资源和时间消耗相同，并设供应商准备物资、媒体报道、企业捐赠物资、应急物资启程运往集散地、计算机运算最优运输路线的平均时间分别为 20、10、20、30、10 分钟。在谈判人员与专家各 10 人一组的情况下，分别针对若干种不同情况，同时考虑是否需要向供应商订购物资或者请求捐助，来模拟最长等待队长、平均等待时间和所需人数等要素。设工作人员和专家的时间利用率都是 80%，政府与供应商的谈判成功率也为 80%，将这些参数代入"重大突发事件应急物资筹运的决策支持平台"中的"流程简化计算"模块和"人员需求计算"模块中进行仿真运算。对每种情况运行 20 次，然后取平均值，可得到表 7-11 所示的各要素模拟值。

情况 1：当谈判耗时量与评估耗时量分别为 20 分钟和 5 分钟，且同时需要请求捐助和订购物资时，可以得到应急物资准备与调度系统的运行时间为 90 分钟，与各车辆返回集散地的最小时间间隔相等。此时在应急物资准备子系统中，关键路线为物资订购路线。并且应急物资谈判的时间长于调度的时间。所以物资需求主要在谈判这个节点上形成等待队列；而在专家决策这个节点上则相对畅通。在这种情况下，只需缩短谈判时间，就能提高整个系统的运行效率。

情况 2：当谈判耗时量与评估耗时量分别为 4 分钟和 20 分钟，且同时需要请求捐助和订购物资时，应急物资准备与调度系统的运行时间仍为 90 分钟。但是，此时在应急物资准备的子系统中，关键路线变为物资捐赠路线。同时，应急物资捐赠的时间长于调度的时间。所以物资需求主要在捐赠这个节点上形成等待队列，而在谈判和专家决策这两个节点上都相对畅通。在这种情况下，系统的运行效率将难以提升，因为企业捐赠的时间是政府无法控制的。所以，为了避免这种情况发生，政府应该提高那些可能无法很快订购到的应急物资的日常准备量。

表 7-11 **各要素模拟值**

t_{TN}	t_{TE}	捐助	订购	单位	最长等待队长	平均等待时间	所需人数
20	5	是	是	谈判人员	3	11.42	22
				专家	0	0.00	5
4	20	是	是	谈判人员	0	0.00	5
				专家	0	0.00	18
8	20	是	是	谈判人员	1	0.01	9
				专家	0	0.00	18
20	5	否	是	谈判人员	3	11.93	22
				专家	0	0.00	5
20	5	是	否	谈判人员	0	0.00	0
				专家	0	0.00	5
20	5	否	否	谈判人员	0	0.00	0
				专家	1	0.02	5

情况 3：当谈判耗时量与评估耗时量分别为 8 分钟和 20 分钟，且同时需要请求捐助和订购物资时，应急物资准备与调度系统的运行时间也为 90 分钟。此时在应急物资准备的子系统中，物资捐赠路线和物资谈判路线都为关键路线。并且，应急物资捐赠和订购的时间都长于调度的时间。所以应急物资需求主要在捐赠和谈判两个节点上都形成等待队列，而在专家决策节点上相对畅通。如果缩短谈判时间，物资捐赠路线将变成唯一的关键路线，所以此时系统运行效率也难以提升。

情况 4：当谈判耗时量与评估耗时量分别为 20 分钟和 5 分钟，且只需要订购物资时，应急物资准备与调度系统的平均运行时间同样为 90 分钟。这时，系统的运行效率与情况 1 相同。因为与情况 1 相比，被去掉的物资捐助路线原本就不是关键路线，所以系统运行效率不会受到影响。

情况 5：当谈判耗时量与评估耗时量分别为 20 分钟和 5 分钟，且只需要请求捐助时，可以得到应急物资准备与调度系统的平均运行时间为 75 分钟，小于各车辆返回集散地的最小时间间隔。这时，系统的运行效率与情况 2 相同。同样是因为与情况 2 相比，被去掉的物资订购路线原本就不是关键路线。但这时，由于专家调度所需的时间缩短了 15 分钟，所以整个系统的运行时间就缩短了 15 分钟。

情况 6：当谈判耗时量与评估耗时量分别为 20 分钟和 5 分钟，且物资准备足够满足应急救援需求时，可以得到应急物资准备与调度系统的平均运行时间为 45 分钟，小于各车辆返回集散地的最小时间间隔。这时，应急物资准备的子系统运行时间就等于应急物资启程运往集散地的时间。因为它与计算机在最优运输路线运算上的耗时和专家决策的时间相差不大，所以物资需求的排队情况就分配在这三个节点上。因此这种情况下，提高专家决策的速度就可以提高整个系统的运行效率。

另外，从表 7-11 可以看出，在大多数情况下，要使整个应急物资准备与调度流程在 24 小时内完成，必须有两个左右的谈判小组并行工作。这是由于谈判时间占了整个物资准备和运输流程的相当大的比重。而因为专家决策的时间一般比较短，所以一组专家参与决策不仅足够，而且专家只需利用大约一半的时间工作就不会影响整个流程的运行速度。

本章小结

本章以中国雅安地震中的应急物资准备、调度与运输过程为案例，利用前面所提出的方法、原理和决策支持平台，基于案例中的现实数据以及合理的假设，给出了整套应急物资准备、调度与运输的策略。首先，本章简要叙述了案例的基本情况。然后对雅安地震的应急物资预备情况做了仿真分析。从仿真结果可以看出：(1)在进行应急物资需求预测的过程中，如果以保证安全为首要目标，则必然会使支出上升；反之，如果以支出最少为目标，则安全性会下降。(2)应急物资的补充征购价格越高，其最优的准备量就越多。(3)如果首要目标是保证安全，则某应急物资的安全概率未达到某个阈值时，其最优准备量不受影响；但当安全概率超过这个阈值时，随着其增加，对应的最优准备量也会增加。(4)应急物资的预测信息对决策的影响至关重要，预测越准确，该物资的最优准备量就越低。然后，本章对雅安地震应急物资补充征购过程中的需求、供给和运输情况进行仿真，仿真数据与实际数据基本吻合。接着，本书计算了雅安地震中救灾粮食的最优运输策略，得出了理想的结果。从而表明了本书提出的相关算法能够有效解决需求和车辆数量变更情况下的应急物资运输问题。最后，本章给出了雅安地震中应急物资准备、调度与运输系统的优化方案。从该案例分析的过程和结果可以看出，本书提出的所有理论和方法都能有效地运用于实际应急救援工作中，因此具有实践意义。

参考文献

[1]Xie K, Liu J, Chen Y, Chen Y. Escape behavior in factory workshop fire emergencies: a multi-agent simulation [J]. Information Technology & Management, 2014, 15(2): 141-149.

[2]Huang C, Wang J, Lin T. Resource sufficiency, organizational cohesion, and organizational effectiveness of emergency response [J]. Natural Hazards, 2011, 58(1): 221-234.

[3]Liu W, Hu G, Li J. Emergency resources demand prediction using case-based reasoning [J]. Safety Science, 2012, 50(3): 530-534.

[4]Lin W, Hui X. Study on NGOs Intervention Time, Space, Time Sequences and Resources in Lushan Earthquake Emergency [J]. Disaster Advances, 2013, 6 (4): 348-360.

[5]Taskin S, Lodree E J. Inventory decisions for emergency supplies based on hurricane count predictions [J]. International Journal of Production Economics, 2009, 126(1): 66-75.

[6]Sun B Z, Ma W M, Zhao H Y. A fuzzy rough set approach to emergency material demand prediction over two universes [J]. Applied Mathematical Modelling, 2013, 37(10-11): 7062-7070.

[7]Yu K P, Yang Y, Li F. Emergency Material Requirement prediction Model for Natural Disaster based on Wavelet Network [J]. Disaster Advances, 2013, 6(6): 14-22.

[8]Rawls C G, Turnquist M A. Pre-positioning of emergency supplies for disaster response [J]. Transportation Research Part B-Methodological, 2009, 44(4): 521-534.
[9]刘娇娇，何世伟，黎浩东．基于情景演变的铁路运输非常规突发事件应急策略研究[J]. 物流技术，2011，30(4)：16-18.
[10]王晓，庄亚明．基于案例推理的非常规突发事件资源需求预测[J]. 华东经济管理，2011，25(1)：115-117.
[11]高学英．大规模应急救援资源布局与调度优化方法研究[D]. 长春：吉林大学，2012.
[12]Liu K. Agent-based resource discovery architecture for environmental emergency management [J]. Expert Systems with Applications, 2004, 27(1): 77-95.
[13]Alexander D, Bramati L, Simonetta M. Emergency Preparedness Training and Education in LombardyRegion, Italy: Survey of Supply and Demand [J]. Natural Hazards Review, 2009, 10(3): 77-83.
[14]Sheu J. Dynamic relief-demand management for emergency logistics operations under large-scale disasters [J]. Transportation Research Part E-Logistics and Transportation Review, 2010, 46(1): 1-17.
[15]Zhang J, Li J, Liu Z. Multiple-resource and multiple-depot emergency response problem considering secondary disasters [J]. Expert Systems with Applications, 2012, 39(12): 11066-11071.
[16]Micangeli A, Michelangeli E, Naso V. Sustainability after the Thermal Energy Supply in Emergency Situations: The Case Study of Abruzzi Earthquake [J]. Sustainability, 2013, 5(8): 3513-3525.
[17]Taskin S, Lodree E J. A Bayesian decision model with hurricane forecast updates for emergency supplies inventory management [J]. Journal of the Operational Research Society, 2010, 62(6): 1098-1108.
[18]高升，庄亚明．基于多目标的非常规突发事件资源布局模型[J].

西安电子科技大学学报(社会科学版), 2011, 21(1): 8-13.
[19]王旭坪, 李小龙, 梁阿密. 基于SOA非常规突发事件资源协调决策系统研究[J]. 情报杂志, 2010, 29(6): 164-169.
[20]张自立. 面向非常规突发事件的生产能力储备模型研究[D]. 哈尔滨: 哈尔滨工业大学, 2010.
[21]舒其林. "情景-应对"模式下非常规突发事件应急物资配置调度研究[D]. 合肥: 中国科学技术大学, 2012.
[22]仲秋雁, 薛慧芳, 叶鑫. 城市应急物资管理流程模型研究——以危险化学品事故为例[J]. 大连理工大学学报(社会科学版), 2013, 34(1): 1-7.
[23]董银红, 付丽丽, 任俊博. 基于不同决策准则的应急物资布局模型[J]. 统计与决策, 2012(23): 41-45.
[24]文仁强, 陈建国, 袁宏永, 黄全义. 基于蚁群优化算法的多级应急响应下灾后应急物资空间优化配置[J]. 清华大学学报(自然科学版), 2012, 52(11): 1591-1596.
[25]王臣, 高俊山. 基于资源整合、优化和共享的应急技术资源管理模式研究——以分析测试技术资源为例[J]. 中国软科学, 2012(10): 148-158.
[26]Bradford N M, Sen R. Multi parameter assessment guide for emergency shelters: Disaster relief applications [J]. Journal of Performance of Constructed Facilities, 2005, 19(2): 108-116.
[27]Xie K, Liu J. Simulation on the governmental response of network public sentiment emergency: A case study of Sanya extortionate price seafood dinner event [J]. Journal of Convergence Information Technology, 2012, 7(19): 554-561.
[28]Deo S, Gurvich I. Centralized vs. Decentralized Ambulance Diversion: A Network Perspective [J]. Management Science, 2011, 57(7): 1300-1319.

[29]Qin J, Xing Y, Wang S, Wang K, Chaudhry S S. An inter-temporal resource emergency management model [J]. Computers & Operations Research, 2012, 39(8): 1909-1918.

[30]任世科，袁治平，徐渝．突发事件应急救援动态调度优化：以KX井喷事故为例[J]．运筹与管理，2012，21(3)：1-7.

[31]胡信布，何正文，徐渝．基于资源约束的突发事件应急救援鲁棒性调度优化[J]．运筹与管理，2013，22(2)：72-79.

[32]Simonoff J S, Restrepo C E, Zimmerman R, Naphtali Z S, Willis H H. Resource allocation, emergency response capability, and infrastructure concentration around vulnerable sites [J]. Journal of Risk Research, 2011, 14(5): 597-613.

[33]Xu M. A Price-Setting Newsvendor Model under Cvar Decision Criterion with Emergency Procurement [J]. Journal of Systems Science and Systems Engineering, 2010, 19(1): 85-104.

[34]Xu M, Xu X, Zhou Y. Stochastic comparisons in a price-quantity setting firm with uncertain demand and emergency procurement [J]. Journal of Systems Science and Systems Engineering, 2013, 22(4): 401-420.

[35]Nakano S. Impact mitigation for emergency events: Their effects on day-ahead and real-time market locational based marginal pricing at the New York iso [J]. Hitotsubashi Journal of Economics, 2007, 48(2): 185-197.

[36]Coles E. What price emergency planning? Local authority civil protection in theUK [J]. Public Money & Management, 1998, 18(4): 27-32.

[37]Kirsch G R. Hurricanes and Windfalls-Takings and Price Controls in Emergencies [J]. Virginia Law Review, 1993, 79(5): 1235-1270.

[38]Romer H, Kersten J, Kiefl R, Plattner S, Mager A, Voigt S. Airborne near-real-time monitoring of assembly and parking areas in case of

large-scale public events and natural disasters [J]. International Journal of Geographical Information Science, 2014, 28(4): 682-699.

[39] Liang L, Wang X, Gao J. An option contract pricing model of relief material supply chain [J]. Omega-International Journal of Management Science, 2012, 40(5): 594-600.

[40] Rezaei J, Davoodi M. A joint pricing, lot-sizing, and supplier selection model [J]. International Journal of Production Research, 2012, 50(16): 4524-4542.

[41] Vadde S, Kamarthi S V, Gupta S M. Optimal pricing of reusable and recyclable components under alternative product acquisition mechanisms [J]. International Journal of Production Research, 2007, 45(18-19): 4621-4652.

[42] Cai X, Feng Y, Li Y, Shi D. Optimal pricing policy for a deteriorating product by dynamic tracking control [J]. International Journal of Production Research, 2013, 51(8): 2491-2504.

[43] George C G, Zhang Z G, Zhang M. Game theoretical perspectives on dual-channel supply chain competition with price discounts and pricing schemes [J]. International Journal of Production Economics, 2009, 117(1): 80-96.

[44] Niyato D, Hossain E. Competitive pricing for spectrum sharing in cognitive radio networks: Dynamic game, inefficiency of Nash equilibrium, and collusion [J]. IEEE Journal on Selected Areas in Communications, 2008, 26(1): 192-202.

[45] Zhang J, Ma J. Research on the price game model for four oligarchs with different decision rules and its chaos control [J]. Nonlinear Dynamics, 2012, 70(1): 323-334.

[46] Yaiche H, Mazumdar R R, Rosenberg C. A game theoretic framework for bandwidth allocation and pricing in broadband networks [J]. IEEE

Acm Transactions on Networking, 2000, 8(5): 667-678.

[47] Cao X R, Shen H X, Milito R, Wirth P. Internet pricing with a game theoretical approach: Concepts and examples [J]. IEEE Acm Transactions on Networking, 2002, 10(2): 208-216.

[48] Zhao S, Zhu Q, Zhu H. Optimal Price Strategy Selection for MVNOs in Spectrum Sharing: An Evolutionary Game Approach [J]. Ksii Transactions on Internet and Information Systems, 2012, 6(12): 3133-3151.

[49] Fan L, Friesz T L, Yao T, Chen X. Strategic Pricing and Production Planning Using a Stackelberg Differential Game with Unknown Demand Parameters [J]. IEEE Transactions on Engineering Management, 2013, 60(3): 581-591.

[50] Liu W, Xu X, Ren Z, Peng Y. An emergency order allocation model based on multi-provider in two-echelon logistics service supply chain [J]. Supply Chain Management-An International Journal, 2011, 16(6): 391-400.

[51] Sheu J. An emergency logistics distribution approach for quick response to urgent relief demand in disasters [J]. Transportation Research Part E-Logistics and Transportation Review, 2007, 43(6): 687-709.

[52] 聂彤彤. 非常规突发事件下应急物流能力研究[J]. 现代管理科学, 2011(9): 117-119.

[53] 聂彤彤, 徐燕. 非常规突发事件下应急物流网络研究[J]. 现代管理科学, 2011(3): 117-119.

[54] 聂彤彤. 非常规突发事件下应急物流中心建设研究[J]. 科技管理研究, 2011(14): 46-50.

[55] 杨继君, 吴启迪, 程艳等. 面向非常规突发事件的应对方案序贯决策[J]. 同济大学学报(自然科学版), 2010, 38(4): 619-624.

[56] 杨继君, 吴启迪, 程艳等. 面向非常规突发事件的应急物资合作博弈调度[J]. 系统工程, 2008, 28(9): 21-25.

[57]朱莉，曹杰．超网络视角下突发事件应急物资调配研究[J]．软科学，2012，26(11)：38-42.

[58]杨保华，方志耕，刘思峰，郭本海．基于GERT网络的应急抢险过程资源优化配置模型研究[J]．管理学报，2011，8(12)：1879-1883.

[59]王旭坪，马超，阮俊虎．考虑公众心理风险感知的应急物资优化调度[J]．系统工程理论与实践，2013，33(7)：1735-1742.

[60]王旭坪，董莉，陈明天．考虑感知满意度的多受灾点应急物资分配模型[J]．系统管理学报，2013，22(2)：251-256.

[61]何正文，贾涛，徐渝．双目标突发事件应急救援前摄性调度优化[J]．运筹与管理，2012，21(1)：124-130.

[62]古志辉，孟庆斌．突发事件、灵活性与资源配置[J]．系统管理学报，2011，20(6)：658-669.

[63]王旭坪，马超，阮俊虎．运力受限的应急物资动态调度模型及算法[J]．系统工程理论与实践，2013，33(6)：1492-1500.

[64]Day J M，Junglas I，Silva L. Information Flow Impediments in Disaster Relief Supply Chains [J]. Journal of the Association for Information Systems，2009，10(8)：637-660.

[65]Lodree E J，Taskin S. An insurance risk management framework for disaster relief and supply chain disruption inventory planning [J]. Journal of the Operational Research Society，2008，59(5)：674-684.

[66]Maon F，Lindgreen A，Vanhamme F. Developing supply chains in disaster relief operations through cross-sector socially oriented collaborations：a theoretical model [J]. Supply Chain Management-An International Journal，2009，14(2)：149-164.

[67]Day J M，Melnyk S A，Larson P D，Davis E W，Whybark D C. Humanitarian and Disaster Relief Supply Chains：A Matter of Life and Death [J]. Journal of Supply Chain Management，2012，48(2)：

21-36.

[68]Nolz P C, Semet F, Doerner K F. Risk approaches for delivering disaster relief supplies [J]. Or Spectrum, 2011, 33(3): 543-569.

[69]Kaddoussi A, Zoghlami N, Hammadi S, Zgaya H. An Agent-Based Distributed Scheduling For Crisis Management Supply Chain [J]. International Journal of Computational Intelligence Systems, 2013, 6(1): 156-173.

[70]Sheu J. Special Issue on Emergency Logistics Management Transportation Research Part E: Logistics and Transportation Review [J]. Transportation Research Part E, 2005(41): 459-460.

[71]Bhatnagar R, Mehta P, Teo Chee C. Coordination of planning and scheduling decisions in global supply chains with dual supply modes [J]. International Journal of Production Economics, 2011, 131(2): 473-482.

[72]Yan S, Shih Y. Optimal scheduling of emergency roadway repair and subsequent relief distribution [J]. Computers & Operations Research, 2009, 36(6): 2049-2065.

[73]王海军，王婧，马士华，杜丽敬．模糊需求条件下应急物资调度的动态决策研究[J]. 工业工程与管理，2012，17(3)：16-22.

[74]周蕾．基于动态信息的应急疏散与车辆调度研究[D]. 杭州：浙江大学，2012.

[75]陈正杨．社会救援资源应急供应链的协同管理[J]. 北京理工大学学报(社会科学版)，2013，15(3)：95-99.

[76]周凌云，顾为东，周晶．区域应急物流服务网络动态组建与调度优化决策[J]. 统计与决策，2013(18)：37-39.

[77]潘逢山，叶春明．生产调度干扰管理模型构建及智能算法研究[J]. 工业工程与管理，2012，17(3)：85-89.

[78]朱莉，曹杰．突发事件风险下应急物资调配的超网络优化研究

[J]. 中国管理科学，2012，20(6)：141-148.
[79]李京生，王爱民，唐承统，卢治兵．基于动态资源能力服务的分布式协同调度技术[J]. 计算机集成制造系统，2012，18(7)：1563-1574.
[80]Jia H，Ordonez F，Dessouky M M. Solution approaches for facility location of medical supplies for large-scale emergencies [J]. Computers & Industrial Engineering，2007，52(2)：257-276.
[81]Loo S，Fane A G，Krantz W B，Lim T. Emergency water supply：A review of potential technologies and selection criteria [J]. Water Research，2012，46(10)：3125-3151.
[82]Wang Q，Liu S，Liu W，Kapelan Z，Savic D. Decision Support System for emergency scheduling of raw water supply systems with multiple sources [J]. Frontiers of Environmental Science & Engineering，2013，7(5)：777-786.
[83]王新平，王海燕．多疫区多周期应急物资协同优化调度[J]. 系统工程理论与实践，2012，32(2)：283-291.
[84]王军，王美蓉．海上突发灾难事件应急物资调度优化方法研究[J]. 中国安全科学学报，2013，23(1)：166-170.
[85]陈钢铁，帅斌．震后道路抢修和应急物资配送优化调度研究[J]. 中国安全科学学报，2012，22(9)：166-171.
[86]Steele A，Clarke B. Problems of treatment process selection for relief agency water supplies in an emergency [J]. Journal of Water and Health，2008，6(4)：483-489.
[87]Chang M，Tseng Y，Chen J. A scenario planning approach for the flood emergency logistics preparation problem uncertainty [J]. Transportation Research Part E：Logistics and Transportation Review，2007(43)：737-754.
[88]Suzuki Y. Disaster-Relief Logistics with Limited Fuel Supply [J]. Jour-

nal of Business Logistics, 2012, 33(2): 145-157.

[89] Shams R, David K S. Use of Location allocation Models in Health Service Development Planning in Developing Nations [J]. European Journal of Operational Research, 2000, 123(3): 437-452.

[90] Fiedfich F, Gehhayer F, Rickers U. Optimized resource allocation for emergency response after earthquake disasters [J]. Safety Science, 2000, 35(1): 41-57.

[91] 赵惠良, 刘建平, 刘向东. 城市交通非常规突发事件的应急物资调度最优路径研究[J]. 北京理工大学学报(社会科学版), 2010, 12(6): 65-68.

[92] 曾丽明, 韩瑞珠. 城市应急物资调度系统建模与仿真[J]. 系统仿真学报, 2012, 24(6): 1298-1302.

[93] 黄德启. 面向区域路网的应急物资布局与调度方法研究[D]. 武汉: 武汉理工大学, 2012.

[94] 杨勃, 李小林, 杜冰. 模糊环境下应急系统多目标调度问题求解[J]. 系统管理学报, 2013(4): 518-525.

[95] 石彪, 池宏, 祁明亮, 宋江海, 许建国. 应急物资运输的两阶段车辆调度模型[J]. 系统工程, 2012, 30(7): 105-111.

[96] Jaey. Stochastic Scheduling problems for minimizing tardy jobs with application to emergency vehicle dispatching on unreliable road networks [D]. US: University of New York, 2003.

[97] Fourie C J. Intelligent scheduling using a neural network model in conjunction with reinforcement learning [J]. Proceedings of the Institution of Mechanical Engineers Part B-Journal of Engineering Manufacture, 2005, 219(2): 229-235.

[98] Chiew K, Qin S W. Scheduling and routing of AMOs in an intelligent transport system [J]. IEEE Transactions on Intelligent Transportation Systems, 2009, 10(3): 547-552.

[99] Blum J J, Mathew T V. Intelligent agent optimization of urban bus transit system design [J]. Journal of Computing in Civil Engineering, 2011, 25(5): 357-369.

[100] Pun Cheng L S C. An Interactive web-based public transport enquiry system with real-time optimal route computation [J]. IEEE Transactions on Intelligent Transportation Systems, 2012, 13(2): 983-988.

[101] Hu Z. A container multimodal transportation scheduling approach based on immune affinity model for emergency relief [J]. Expert Systems with Applications, 2011, 38(3): 2632-2639.

[102] Linet O. Emergency Logistics Planning in Natural Disasters [J]. Annual of Operation Research, 2004, 129: 218-219.

[103] Dantzig G B, Ramser J H. The Truck Dispatching Problem. Management Science, 1959, 6(1): 80-91.

[104] Lenstra J K, Kan A R. Complexity of vehicle routing problem and scheduling problems [J]. Networks, 1981(11): 221-227.

[105] 曾敏刚，崔增收，余高辉．基于应急物流的减灾系统 LRP 研究 [J]．中国管理科学，2010，18(2)：75-80.

[106] Han Y J, Guan X H, Shi L Y. Optimization Based Method for Supply Location Selection and Routing in Large-Scale Emergency Material Delivery [J]. IEEE Transactions on Automation Science and Engineering, 2011, 8(4): 683-693.

[107] Zheng Y J, Ling H F. Emergency transportation planning in disaster relief supply chain management: a cooperative fuzzy optimization approach [J]. Soft Computing, 2013, 17(7): 1301-1314.

[108] Horner M W, Widener M J. The effects of transportation network failure on people's accessibility to hurricane disaster relief goods: a modeling approach and application to a Florida case study [J]. Natural Hazards, 2011, 59(3): 1619-1634.

[109] Chern C C, Chen Y L, Kung L C. A heuristic relief transportation planning algorithm for emergency supply chain management [J]. International Journal of Computer Mathematics, 2010, 87(7): 1638-1664.

[110] Zhang L, Lin Y, Yang G, Chang H. Emergency resources scheduling based on adaptively mutate genetic algorithm [J]. Computers in Human Behavior, 2011, 27(5): 1493-1498.

[111] 李梅霞，车海涛．应急物资调度模型及算法[J]．运筹与管理，2011，20(3)：25-28.

[112] 汪勇，金菲．应急资源调度问题的改进进化规划算法研究[J]．运筹与管理，2012，21(4)：29-33.

[113] Dorigo M, Maniezzo V, Colorni A. Ant system: Optimization by a colony of cooperating agents [J]. Systems, Man and Cybernetics, Part B, IEEE Transactions on, 1996, 26 (1): 29-41.

[114] 丁秋雷，胡祥培，李永先．求解有时间窗的车辆路径问题的混合蚁群算法[J]．系统工程理论与实践，2007(10)：98-104.

[115] Bullnheimer B, Hartl R F, Strauss C. An improved ant system algorithm for the vehicle routing problem [J]. Annals of Operations Research, 1999, 89: 319-328.

[116] Bell J E, McMullen P R. Ant colony optimization techniques for the vehicle routing problem [J]. Advanced Engineering Informatics, 2004, 18 (1): 41-48.

[117] Reimann M, Doerner K, Hartl, R F. D-Ants: Savings based ants divide and conquer the vehicle routing problem [J]. Computers & Operations Research, 2004, 31 (4): 563-591.

[118] Gambardella L M, Dorigo M. An ant colony system hybridzed with a new local search for the ordering problem [J]. Journal on Computing, 2000, 12 (3): 237-255.

[119] Stutzle T, Hoos H. MAX-MIN ant system [J]. Future Generation

Computer Systems Journal, 2000, 16 (8): 889-914.

[120] Gambardella L M, Dorigo M. An ant colony system hybridized with a new local search for the ordering problem [J]. Journal on Computing, 2000, 12 (3): 237-255.

[121] 刘志硕，申金升，关伟．车辆路径问题的混合蚁群算法设计与实现[J]. 管理科学学报，2007：10(3)：15-22.

[122] 曹庆奎，赵斐．基于遗传蚁群算法的港口集卡路径优化[J]. 系统工程理论与实践，2013：33(7)：1820-1828.

[123] 付鹏，罗杰．基于改进蚁群算法的 Q 学习算法研究[J]. 计算机技术与发展，2013，23(2)：123-126.

[124] 于滨，靳鹏欢，杨忠振．两阶段启发式算法求解带时间窗的多中心车辆路径问题[J]. 系统工程理论与实践，2012，32(8)：1793-1800.

[125] 王素欣，高利，崔小光，陈雪梅．多集散点车辆路径问题及其蚁群算法研究[J]. 系统工程理论与实践，2008(2)：143-147.

[126] 张涛，田文馨，张玥杰，刘士新．带车辆行程约束的 VRPSPD 问题的改进蚁群算法[J]. 系统工程理论与实践，2008(1)：132-140.

[127] 何小锋，马良．带时间窗车辆路径问题的量子蚁群算法[J]. 系统工程理论与实践，2013，33(5)：1255-1261.

[128] Min H. The multiple vehicle routing problems with simultaneous delivery and pick-up points [J]. Transportation Research, 1989, 23A: 377-386.

[129] Halse K. Modeling and solving complex vehicle routing problems [D]. Lyngby: Technical University of Denmark, 1992.

[130] Gendreau M, Laporte G, Vigo D. Heuristics for the travelling salesman problem with pickup and delivery [J]. Computers and Operations Research, 1999, 26: 699-714.

[131] Yan S, Shih Y. An ant colony system-based hybrid algorithm for an

emergency roadway repair time-space network flow problem. Transportmetrica, 2012, 8(5): 361-386.

[132] Kallioras N A, Lagaros N D, Karlaftis M G. An improved harmony search algorithm for emergency inspection scheduling. Engineering Optimization, 2014, 46(11): 1570-1592.

[133] Korosec P, Papa G. Metaheuristic Approach to Transportation Scheduling In Emergency Situations. Transport, 2013, 28(1): 46-59.

[134] Hu F, Xu W, Li X. A modified particle swarm optimization algorithm for optimal allocation of earthquake emergency shelters. International Journal of Geographical Information Science, 2012, 26(9): 1643-1666.

[135] Dan B, Zhu W, Li H, Sang Y, Liu Y. Dynamic Optimization Model and Algorithm Design for Emergency Materials Dispatch. Mathematical Problems In Engineering, 2013(2013): 1-6.

[136] 詹沙磊, 刘南. 基于灾情信息更新的应急物资配送多目标随机规划模型[J]. 系统工程理论与实践, 2013, 33(1): 159-166.

[137] 马建华, 房勇, 袁杰. 多车场多车型最快完成车辆路径问题的变异蚁群算法[J]. 系统工程理论与实践, 2011, 31(8): 1508-1516.

[138] Kumar S, Havey T. Before and after disaster strikes: A relief supply chain decision support framework [J]. International Journal of Production Economics, 2013, 145(2): 613-629.

[139] Chen Z, Chen X, Deng J. Approach to Disaster Relief: Emergency Management System in Cities of China [J]. Disaster Advances, 2010, 3(4): 96-98.

[140] Arie K, Yoram R. From DSM-Based Planning to Design Process Simulation: A Review of Process Scheme Logic Verification Issues [J]. IEEE Transactions on Engineering Management, 2009, 56(4): 636-649.

[141] Lee C K M, Lv Y, Hong Z. Risk modelling and assessment for distributed manufacturing system [J]. International Journal of Production Research, 2013, 51(9): 2652-2666.

[142] Hu H, Li Z. Modeling and scheduling for manufacturing grid workflows using timed Petri nets [J]. International Journal of Advanced Manufacturing Technology, 2009, 42: 553-568.

[143] Cheng F F, Wang Y W, Ling X Z, Bai Y. A Petri net simulation model for virtual construction of earthmoving operations [J]. Automation in Construction, 2010, 20: 181-188.

[144] Tom K. A Petri Net-based approach for ergonomic task analysis and modeling with emphasis on adaptation to system changes [J]. Safety Science, 2013(41): 803-835.

[145] Shan S Q, Wang L, Li L. Modeling of emergency response decision-making process using stochastic Petri net: an e-service perspective [J]. Information Technology & Management, 2012, 13 (4): 363-376.

[146] Zhong M, Shi C, Fu T, He L, Shi J. Study in performance analysis of China Urban Emergency Response System based on Petri net [J]. Safety Science, 2010, 48: 755-762.

[147] Moscato F, Vittorini V, Amato F, Mazzeo A, Mazzocca N. Solution Workflows for Model-Based Analysis of Complex Systems [J]. IEEE Transactions on Automation Science and Engineering, 2012, 9(1): 83-95.

[148] Hiraishi K. Performance Evaluation of Workflows Using Continuous Petri Nets with Interval Firing Speeds [J]. IEICE Transactions on Fundamentals of Electronics Communications and Computer Sciences, 2008, E91A (11): 3219-3228.

[149] Yamaguchi S, Shiode Y, Ge Q W, Tanaka M. Performance

evaluation on transient time of dynamic workflow changes [J]. IEICE Transactions on Fundamentals of Electronics Communications and Computer Sciences, 2001, E81A (11): 2852-2864.

[150] Van der Aalst W M P. The application of Petri nets to workflow management [J]. Journal of Circuits Systems and Computers, 1998, 8 (1): 21-66.

[151] Wang J, Tepfenhart W, Rosca D. Emergency Response Workflow Resource Requirements Modeling and Analysis [J]. IEEE Transactions on Systems, Man, and Cybernetics-Part C: Applications and Reviews, 2009, 39(3): 270-283.

[152] Wang J. Emergency Healthcare Workflow Modeling and Timeliness Analysis [J]. IEEE Transactions on Systems, Man, and Cybernetics-Part A: Systems and Humans, 2012, 42(6): 1323-1331.

[153] 刘嘉，谢科范．非常规突发事件个体应对决策行为影响因素研究[J]. 软科学，2013，27(3)：50-54.

[154] Liu J, Chen Y. Simulation on Staffs Evacuation Behavior in Plant Fire Emergencies [J]. Systems Research and Behavioral Science, 2014, 31(4): 527-536.

[155] 刘嘉，谢科范．基于元胞自动机的非常规突发事件群体应对决策行为演化仿真[J]. 电子科技大学学报(社科版)，2013，2：28-30.

[156] 刘嘉，谢科范．突发事件群体决策演化[J]. 系统工程，2014，32(12)：97-103.

[157] Linstone, H. A and Turoff, M. The Delphi Method-Techniques and Applications [M]. US: Addison-Wesley Publishing, 2001: 3.

[158] Yang T, Hsieh C. Six-Sigma project selection using national quality award criteria and Delphi fuzzy multiple criteria decision-making method [J]. Expert Systems with Applications, 2009, 36 (4): 7594-7603.

[159] Chang I S, Tasuhiro Y, Tozawa, T. An efficient approach for large scale, project planning based on fuzzy Delphi method [J]. Fuzzy Sets and Systems, 1995, 76: 277-288.

[160] Lois A B. What we value: A Delphi study to identify key values that guide ethical decision-making in public relations [J]. Public Relations Review, 2006, 32: 325-330.

[161] Wu D D, Liu J, Olson D L. Simulation Decision System on the Preparation of Emergency Resources Using System Dynamics [J]. Systems Research and Behavioral Science, 2014.

[162] Weibull J. W. Evolutionary Game Theory, MIT, 1995.

[163] Colorni A, Dorigo M, Maniezzo V. Distributed Optimization by Ant Colonies [J]. European Conference on Artificial Life, 1991: 134-142.

[164] Dorigo M. Optimization, Learning and Natural Algorithms [D]. Italy: Politecnico di Milano, 1992.

[165] Dorigo M, Maniezzo V, Colorni A. Ant system: optimization by a colony of cooperating agents [J]. Ieee Transactions on Systems, 1996, 26(1): 29-41.

[166] 段海滨. 蚁群算法原理及其应用[M]. 北京: 科学出版社, 2005.

[167] Dempster, A P. Upper and lower probabilities induced by a multivalued mapping [J]. Annals of Mathematical Statistics, 1967, 38(2): 325-339.

[168] Dempster, A P. A Generalization of Bayesian Inference [J]. Journal of the Royal Statistical Society. Series B, 1968, 30(2): 205-247.

[169] Xie K, Liu J, Chen G, Wang P, Chaudhry S S. Group decision-making in an unconventional emergency situation using agile Delphi approach [J]. Information Technology & Management, 2012, 13(4): 351-36.

[170] Xie K, Liu J. Early-Warning Management of Regional Tourism Emer-

gency: A Holistic Approach [J]. Kybernetes, 2014, 43 (3/4): 497-512.

[171] Liu J, Xie K. Preparation and scheduling system of emergency supplies in disasters. Kybernetes, 2015, 44(3): 423-439.

[172] Liu J, Xie K. Emergency supplies requisition negotiation principle of government in disasters. Kybernetes, 2016, 45(8): 1174-1193.

[173] Liu J, Xie K. Emergency materials Transportation Model in Disasters Based on Dynamic Programming and Ant Colony Optimization. Kybernetes, 2017, 46(4): 656-671.

[174] Wen T, Liu J. A "LINA" Management Mode in Response to Public Emergencies: Emergency management mode comparison between China and Japan. 11th International Conference on Innovation and Management, 2014. 11. 17-2014. 11. 19.

[175] 谢科范，陈刚，吴倩，刘嘉．非常规突发事件的集群决策．知识产权出版社，2013.